Lb 41/3034

ÉTAT GÉNÉRAL
DES ÉMIGRÉS

ET DE LEURS PROPRIÉTÉS

SITUÉES DANS LE DEPARTEMENT

DE L'AUBE.

 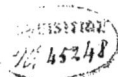

V U les États adressés & arrêtés par les directoires des Districts du Département de l'Aube, en date des 14 Juillet, 31 Octobre, 8, 11 & 17 Novembre 1792, 11 & 29 Janvier & 20 Février 1793;

des Émigrés domiciliés ou possessionnés dans l'arrondissement desdits Districts, avec la désignation de leurs propriétés.

Oui le Procureur-Général-Syndic :

Les Administrateurs composant le Directoire du Département de l'Aube, ont arrêté, en séance publique, que les personnes ci-après dénommées, sont déclarées émigrées ; en conséquence, que toutes leurs propriétés sont confisquées, pour être vendues et aliénées, d'après les dispositions des loix relatives aux Émigrés.

DISTRICT D'ARCYS-SUR-AUBE.

NOMS DES ÉMIGRÉS.	DERNIER DOMICILE CONNU.	SITUATION ET DÉSIGNATION DE LEURS PROPRIÉTÉS.
Jean DE VANDENESSE, ci-devant Seigneur de Montsuzain.	Montsuzain.	A Montsuzain, deux maisons et dépendances, deux moulins vingt-six arpents d'étang, trois cents trente-quatre arpents soixante-quinze cordes de terres et quatorze arpents trente-sept cordes et demie de prés. A Obterre, soixante-huit arpents trois denrées de terres et huit arpents de sainfoin, sur plusieurs finages, quatre maisons, un moulin, cent soixante-dix-huit arpents soixante-deux cordes et demie et quatre arpents vingt-cinq cordes de prés. A Saint Martin, paroisse Saint Remi, deux maisons, granges et écuries, trois cents vingt-six arpents trente-sept cordes et demie de terres, quatre arpents et demi de prés et six arpents de bois. A Saint Remi, quatre arpents de pâture et trois cents quarante-un arpents de terres. A Chaudrey, quatre arpents quatre denrées et demie et dix carreaux de bois.
Anne-Charles-Sigismond DE MONTMORENCY, ci-devant Duc.	Paris.	A Vaupoisson, trente-huit arpents trois denrées de terres, trois arp. vingt-quatre cordes de prés et cinq arp. huit denrées quarante-huit carreaux de bois. A Saint Nabord, un arpent deux denrées de terres et quatre arpents six denrées de bois.

A 2

NOMS DES ÉMIGRÉS.	DERNIER DOMICILE CONNU.	SITUATION ET DÉSIGNATION DE LEURS PROPRIÉTÈS.
		A Torcy-le-petit, deux arpents de prés et trois arpents de bois. A Aubigny, dix-neuf arpents sept denrées de terres, un arpent trois denrées de prés et trois denrées quarante carreaux de bois. A Isles, trois arpents deux denrées quarante carreaux de terres. A Ramerupt, une maison, jardin et dépendances, une halle, un arp. quatre denrées sept carreaux de terres, quinze arpents de prés et dix-neuf arpents quatre denrées de bois. A Romaine, six denrées de terres. A Vignets, cent quatre-vingt-dix-huit arpents quatre denrées vingt-trois fauchées de terres et seize arpents de prés.
Claude DAULNAY, ci-devant noble.	TROYES.	A Rheges, cinquante-un arpents de terres, deux arpents sept denrées un quart de prés, vingt-huit arpents deux denrées de terres, huit arpents deux denrées de prés, neuf arpents sept denrées cinquante-deux carreaux de et un moulin, roises et dépendances, A Charny, trois arpents cinq denrées de terres.
Claude MARINOT.	DROUPT-SAINT-BASLE.	A Droupt-Saint-Basle, sept arpents de terres, treize cordes de vignes et quatre arpents tant terres que prés.
Claude MOREL, ci-devant noble.	MESGRIGNY.	A Mesgrigny, une maison et dépendances, trois cents quarante-trois arp. soixante-deux cordes et demie de terres, treize arpents quatre-vingt-six cordes de prés, dix-huit arpents soixante-dix-sept

NOMS DES ÉMIGRÉS.	DERNIER DOMICILE CONNU.	SITUATION ET DÉSIGNATION DE LEURS PROPRIÉTÉS.
		cordes de bois et plusieurs rentes sur différents particuliers. A Méry, quarante-deux arpents cinquante cordes de terres, un arpent de bois, trente-huit arpents quarante cord. de prés et plusieurs rentes. A Saint Oulph, 6 denrées de prés, un arpent de bois et une rente. A Vallans, cinq arp. quarante-quatre cordes de terres et un arpent cinquante-neuf cordes de bois. A Châtres, sept arpents dix-huit cordes de terres.
Louis-Jean DELACAZE, ci-devant Officier.	AULNAY.	A Aulnay, cinq maisons de fermiers et dépendances, deux moulins, huit cents quarante arpents sept denrées de terres, cinquante-quatre fauchées une denrée de prés, neuf arpents deux denrées de bois, quatre denrées de vignes et plusieurs rentes. A Magnicourt et Aulnay, six arpents et demi de bois.
Paul CAPENDU et Alexandre-Auguste DUROUX.	BOURSONNE. VARENNE.	A Boulages, la maison ci-devant seigneuriale, une maison et dépendances, un moulin et ses dépendances, plusieurs contrats de rentes, et trois cents quatre-vingt-dix-sept arpents quatre-vingt-dix cordes et demie de terres. A l'Abbaye, vingt-un arpents de terres. A Longueville, quarante-un arpents trente-sept cordes de terres et trente-cinq arpents quatre-vingt-sept cordes et demie de prés. A Vouarce, cinq arpents vingt-six cordes et demie de terres et trois arpents trente-neuf cordes de prés.

NOMS DES ÉMIGRÉS.	DERNIER DOMICILE CONNU.	SITUATION ET DÉSIGNATION DE LEURS PROPRIÉTÉS.
DEUDEMARSON.	PERTHES, PRÈS MOULINS.	A Etrelles, seize arpents quatre-vingt-sept cordes et demie de terres et treize arpents cinq cordes de prés. A Grange et Vouarce, deux arpents cinquante cordes de terres et deux arp. cinquante cordes de prés. A Coursemain, huit arpents trente-sept cordes et demie de terres et un arp. vingt-cinq cordes de prés. A Chavanges, un bâtiment ci-devant bannal, un grand pressoir, un four, un moulin, une halle, quatre-vingt seize journaux, quatre denrées de terres, dix-neuf journaux sept denrées de prés, sept journaux cinq denrées de bois et quatre journaux quatre denrées et demie de vignes.
VILLIERS DE LISLE-ADAM, ci-dev. noble.	MONTGENOST.	A Charni-le-Bachot, trente-six arpents de terres, et six denrées vingt cordes de prés. A Longueville, un arpent deux denrées de terres et deux de prés. A Rheges, un arpent six denrées cinquante-trois cordes de prés.
Thérèse LEBEUF, épouse de LACURE.	AULNAY.	A Romaine, une rente de cent livres.
Edouard-Franç. MONY, ci-dev. Receveur des gabelles.	SÉZANNE.	A Vignest, un moulin, cinq denrées de bois, quatre-vingt-quinze arpents soixante-deux cordes et demie de terres et cinq arpents cinquante cordes de prés.
DUGRÈS.	SOMPSOIS.	A Vaucogne, une maison et dépendances, cent cinquante arpents de terres,

NOMS DES ÉMIGRÉS	DERNIER DOMICILE CONNU.	SITUATION ET DÉSIGNATION DE LEURS PROPRIÉTÉS.
		cinq denrées de prés et cinq arpents de bois.
Charles PICOT.	DAMPIERRE.	A Dampierre, soixante-dix-huit arpents cinq denrées de terres et plusieurs rentes.
Claude-Gérard DUPUIS.	DUNKERQUE.	A Poivre, deux cents trente-trois arpents sept denrées de terres, dix-huit denrées de prés et huit arpents quatre denrées de bois.
Jean DECAUX.	PARIS.	A Semoine, une maison et ses dépendances, et deux cents cinquante-deux arpents de terres.
Louis-Jean-Marie LE BASCLE D'ARGENTEUIL.	PARIS.	A Mailly, cent quatre-vingt arpents de terres, une denrée et demie de bois.

DISTRICT DE BAR-SUR-AUBE.

NOMS DES ÉMIGRÉS.	Dernier domicile connu.	SITUATION ET DÉSIGNATION DE LEURS PROPRIÉTÉS.
KLOPSTEIN.	Toul en loraine.	A Colombé-la-fosse, une maison, cours et dépendances, trois pressoirs, deux vinées, un moulin à eau, cent-vingt journaux de terre, deux fauchées de prés, soixante hommes de vignes, vingt-six arpents de bois taillis et plusieurs contrats de rente.
Edme-Joseph AUBERT, Prêtre.	Juvancourt.	A Juvancourt, une maison, jardin et dépendances et douze journées de vignes.
M. Thérese DUMUID, veuve CREQUI.	Paris.	A Blaincourt, quatre maisons, six cents arpents de terres labourables, cent quatorze arpents de prés, deux arpents et demi de vignes, cinquante-cinq arp. de bois taillis et plusieurs rentes foncières. A Mathault, une rente foncière. A Epagne, une maison, cent trente-deux arpents de terres, dix-huit arpents de prés, deux arpents soixante-deux cordes et demie de vignes, quarante-deux arpents de bois, quatre à cinq arpents d'oseraies et des rentes foncières.
LEBLANC, ci-devant Seigneur.	Eouilly.	A Arrentierre, un moulin et dépendances, trente-neuf arpents de bois, quatre-vingt journées et un quart de terres, deux fauchées de prés, quatre hommes de vignes et plusieurs rentes.

NOMS DES ÉMIGRÉS.	DERNIER DOMICILE CONNU.	SITUATION ET DÉSIGNATION DE LEURS PROPRIÉTÉS.
		A Engente, une maison avec grange, écurie, pressoir, cour et jardin, deux cents soixante et douze journaux de terres labourables, quarante-trois hommes de vignes et quatre-vingt-deux arpents de bois.
Jean-Bapt. D'AMBOISE.	CHAUMONT.	A Moutier-en-Isle, soixante-un journaux un quart de terres, un bâtiment, quarante fauchées et demie de prés, cinquante arp. de bois taillis, quatre-vingt huit hommes de vignes, douze boisseaux de chennevières et des terres provenant de biens nationaux.
DEMONTMORENCY.	. . . .	A Jaucourt, cent quinze arpents de bois taillis. A Proverville, quatre cents quarante arpents de bois et six fauchées de prés.
DE BREUZE.	VILLY-EN-TRODE.	A Eclance, un bâtiment et une ferme contenant trente-huit arpents. A Bar-sur-Aube, quatre fauchées de prés et quatre arpents de bois broussailles.
Le Commandeur de THORS.	. . . .	A Proverville, quarante hommes de vignes et huit hommes de Cerizai.
Simon DE NOGENT, ci-devant officier.	. . . .	A Proverville, quinze fauchées et demie de prés et quatre journaux de terres.
HUMBLOT, Prêtre.	VILLIERS-SUR-MARNE.	A Proverville, quatorze hommes de vignes.
LE CLERE.	BAR-SUR-AUBE.	A Proverville, trois hommes de vignes.

B

NOMS DES ÉMIGRÉS.	DERNIER DOMICILE CONNU.	SITUATION ET DÉSIGNATION DE LEURS PROPRIÉTÉS.
DURAGU.	Paris.	A Proverville, un demi-journal de terres.
GEOFFROY, ci-devant officier décoré.	. . . .	A Bar-sur-Aube, une maison, un autre bâtiment, huit fauchées de prés et cinq boisseaux de Chennevières.
DALLONVILLE.	Fuligny.	A la Chaise, quatre cents soixante-deux arpents de bois, cent cinquante-six fauchées de prés, deux cents quatre journaux de terres et dix arpents d'étangs.
SOLIES, ci-devant garde du corps.	. . . .	Aucun détail de ses propriétés.
FILLEUX fils, ci-devant garde du corps.	. . . .	Aucun détail de ses propriétés.
CHOPPIN dit LATOUR, ci-devant officier de Dragons.	. . . .	Aucun détail de ses propriétés.
MASSON, fils de veuve MASSON-GOBERT.	. . . .	Aucun détail de ses propriétés.
MASSON fils, ci-devant garde du corps.	. . . .	Aucun détail de ses propriétés.
DEFRESNE, ci-devant officier.	. . . .	Aucun détail de ses propriétés.
BOSSANCOURT frères.	. . . .	Aucun détail de ses propriétés.

NOMS DES ÉMIGRÉS	DERNIER DOMICILE CONNU.	SITUATION ET DÉSIGNATION DE LEURS PROPRIÉTÉS.
DECLOIX.	Maisons, près Vitry-le-François.	A Epothémont, deux cents soixante arpents de bois et sept fauchées de prés.
Jean-Marie MANDAT-GALIOT.	Neuilly.	A Mathault, deux maisons, une manufacture de fayence, une tuilerie et un pressoir, cinq fermes, deux colombiers sans pigeons, huit cents journaux de terres labourables, cent quatre-vingt fauchées de prés, cent vingt arpents de bois, sept arpents de vignes, dix-huit arp. jardins et enclos et cent cinquante livres de rente. A Proverville ; trente-six hommes et demi de vignes et un quart de prés. A la Chaise, une maison, cour, granges, écuries et enclos, douze fauchées de prés, treize arpents de bois et cent arpents de terres. A Thil, un moulin à vent avec une maison, trois fermes, une maison, six gagnages, une grange et dix-huit arp. de bois. A Colombé-le-sec, une maison, une fauchée et demie de prés et cent vingt hommes de vignes.
DAULNAY DE FRAMPAS.	. . . .	A la Rothière. Nul détail de ses propriétés.

DISTRICT DE BAR-SUR-SEINE.

NOMS DES ÉMIGRÉS.	DERNIER DOMICILE CONNU.	SITUATION ET DÉSIGNATION DE LEURS PROPRIÉTÉS.
LA CHAPELLE.	SAINT-PARRES.	A Saint Parres, trois maisons et leurs dépendances, une marre, trois arpents de saussaies, douze arp. de bois, douze arpents de garennes, vingt-quatre arp. de plantage de peupliers, 20 cordes de chennevière, trois arpents et demi de terres. A Chappes, deux arpents de prés. A Villemoyenne, cinq-quarts de vignes, des rentes, sa part dans un gagnage, quatre-vingt-quatre arpents cinquante cordes de terres, douze arp. de chennevières et six arpents de prés. A Clerey, quarante arpents de terres et prés et un saussaie et oseraie.
FOUCAULT.	VILLEMOYENNE.	A Villemoyenne, six maisons avec leurs dépendances, vingt-un arp. vingt-cinq cordes de vignes, quarante-un arpents trente-une cordes de prés, huit arp. en saussaie, épines et peupliers, une ferme et deux cents dix arp. cinquante cordes de terres. A Chappes, une maison, enclos, etc. trois arp. de garennes, des terres labourables entourées de plantages et quarante-quatre arpents vingt-cinq cordes de bois taillis. A Vaudes, un arpent de pâtures, sept arpents de prés, soixante et onze arpents vingt-cinq cordes de terres et plusieurs rentes.

NOMS DES ÉMIGRÉS.	DERNIER DOMICILE CONNU.	SITUATION ET DÉSIGNATION DE LEURS PROPRIÉTÉS.
DEPONT-PRASLAIN.	. . . .	A Villers-le-Merdret, un moulin avec bâtiments nécessaires, cinquante-trois journaux de terres et huit arpents et demi de prés.
DAMOISEAU.	CHAOURCE.	A Villers-le-Merdret, une ferme.
LE BASCLE D'ARGENTEUIL.	. . . .	A Losches, un mauvais château et dépendances, un moulin, quarante arpents de bois, quatre-vingt-dix arpents cinquante cordes de terres, vingt-neuf arpents soixante-quinze cordes de prés, deux arpents de friches, trois arpents de chennevières et deux arpents de vignes.
LEBLANC.	ÉGUILLY.	A Eguilly, Un ci-devant château et dépendances, une petite maison, un moulin et dépendances, cent quarante-huit arpents de terres, trente-un arp. de prés, trois cents quatre-vingt-dix-sept arpents de bois et six arp. de vignes. A Vitry, l'emplacement d'un vieux ci-devant château avec plantations de luzerne, une tuilerie avec bâtimens nécessaires, un moulin à eau avec ses bâtimens, un moulin à vent avec six journaux de terres, un pressoir, cent cinquante-trois journaux de terres, trois arpents vingt-quatre journaux de bois et quarante fauchées quarante cordes de prés.
LA LUZERNE, ci-dev. Evêque de Langres.	LANGRES.	A Mussy, trois maisons, dont une fermée de murs, une glacière, un foulon à tan et dépendances, une ferme, neuf mesures de chennevières, huit arp. cinquante cordes de verger et dix arp. cin-

NOMS DES ÉMIGRÉS.	DERNIER DOMICILE CONNU.	SITUATION ET DÉSIGNATION DE LEURS PROPRIÉTÉS.
BERTRAND-BADY.	. . . .	quante cordes de jardins, un arpent de vignes, six arpents de bois et quatre arpents vingt-une mesures de terres emplantés de charmilles. A Marolles, un ci-devant château et dépendances, les moulins et dépendances, quatre fermes, deux arpents soixante-dix-neuf cordes de vignes, dix arpents de bois, trois arpents de garenne, quatre cents deux journaux cinquante cordes de terres et quarante-un arpents de prés. A Poligny, deux petites fermes et un fermage, six arp. de bois et garennes, deux cents douze journaux de terres et vingt-trois arpents de prés. A Chauffour, neuf arpents d'Etangs, deux maisons et dépendances, quatre arpents de prés pâtures, deux cents quatre-vingt dix-huit arpents de bois, huit arpents de garennes, vingt-un arpents de prés et deux cents quatre-vingt-six journaux de terres.
DEZEDDES, frères mineurs.	BEURREY.	A Beurrey, leurs parts dans la succession de leur père, sur cent arpents de bois taillis et sur douze journaux de terres. A Thieffrain, ils possèdent en propre trois arpents de vignes, douze arpents soixante-quinze cordes de terres et dix arpents cinquante cordes de prés.
VILLIERS-LAFAYE.	. . . .	A Bragelogne, cent arpents de bois, huit arpents de vignes, quatre arpents de broussailles, douze cordes de chennevières, une partie de moulin, une partie

NOMS DES ÉMIGRÉS	DERNIER DOMICILE CONNU.	SITUATION ET DÉSIGNATION DE LEURS PROPRIÉTÉS.
		de la grange dîmeresse, un bâtiment, enclos, jardin et dépendances, trois cents trente journaux de terres et vingt-cinq arpents de prés. Il lui est dû sur une coupe de bois six cents livres.
BUFFIGNY, frères majeurs, ci-dev. officiers.	. . . .	A Magnant, ils ont des droits sur les biens ci-après désignés. Une maison et dépendances, six cord. de vignes, cinq cordes de chennevières, cinquante cordes de prés et seize arp. cinquante-cinq cordes de terres.
HAUFFROY frères.	VILLE-SUR-ARCE.	Un ci-devant château et dépendances, une maison où loge un fermier, quarante-quatre arpents et demi de bois, dix boisseaux trois picotins de terres à chennevières, trente hommes de vignes, deux arpents soixante-quinze cordes de prés et quatre-vingt-neuf arp. soixante-quinze cordes de terres.

DISTRICT D'ERVY-LE-CHASTEL.

NOMS DES ÉMIGRÉS.	DERNIER DOMICILE CONNU.	SITUATION ET DÉSIGNATION DE LEURS PROPRIÉTÉS.
JOUAULT.	SALINS.	A Chessy, un labourage composé de terres et prés. A Vanlay, vingt-huit arp. de terres et six arpents de prés.
LA CHAPELLE.	TROYES.	A Chessy, un labourage composé de terres et prés. A Javernant, quatre-vingt-huit cord. de vignes. A Villery, vingt-cinq cord. de vignes. A Roncenay, une ferme composée d'un bâtiment et de plusieurs piéces de terres et prés. A Maupas, cinquante cord. de prés.
Frédéric-François-Joseph DAMOISEAU. Roger-Louis DAMOISEAU et Etienne-Louis DAMOISEAU.	CHAOURCE. LA BANDE, Paroisse de Chaource.	A Courtaoult, un labourage composé de terres et prés. A Auxon, trente-quatre arpents de terres et six arpents soixante cordes de prés. A Avreuil, dix-neuf arpents cinq cord. de terres et cinquante cordes de prés. A Lignières, cinq arpents vingt-cinq cordes de terre. A Vanlay, une maison et dépendances, quatre arpents soixante-quinze cordes de terres et huit arpents soixante-quinze cordes de prés. A Cussangy, un arpent dix-sept journaux quatre denrées de terres, vingt arpents vingt-quatre cordes de prés,

NOMS DES ÉMIGRÉS.	DERNIER DOMICILE CONNU.	SITUATION ET DÉSIGNATION DE LEURS PROPRIÉTÉS.
Patrice VAL.	Sautour.	trois gagnages composés de terres et prés et trois arpents quarante-cinq cordes de vignes. A Vallieres, un labourage composé de terres et prés. A Monceaux, cinquante cordes de prés. A Courtaoult, un Etang, un moulin à eau et deux arpents quatre-vingt quinze cordes de prés. A Montfey, une ferme composée de terres, prés et pâtures, un moulin à eau et quatre arpents vingt-cinq cordes de vignes.
FOUCAULT de Ville-moyenne.	Troyes.	A Javernant, cent cinquante cordes de vignes. A Monceaux, seize cordes de prés et douze cordes et demie de terres. A Villy-le-bois, une maison et dépendances, quatre-vingt arpents soixante quinze cordes de terres et vingt arpents de prés.
Claude-Jean-Charles CHANSON.	Tonnerre.	A Lignières, cinquante-trois arpents et demi de terres et six arpents de prés.
DUVAL DE CER-TAINE.	Chaource.	A Vanlay, huit arpents de terres et soixante-quinze cordes de prés. A Cussangy, deux arpents de vignes et quatre piéces de prés. A Vallieres, un gagnage composé de de terres et prés.
DELAMOTTE.	Estissac.	A Vallieres, un labourage composé de terres et prés.

C

NOMS DES ÉMIGRÉS	DERNIER DOMICILE CONNU.	SITUATION ET DÉSIGNATION DE LEURS PROPRIÉTÉS.
		A Maraye, une maison et ses dépendances, cent soixante-sept arp. nts vingt cordes de terres.
RICHEMONT, ci-dev. garde du corps.	TROYES.	A Lirey, sept arpents de terres et vingt-cinq cordes de prés.
DUBOITIER.	TROYES.	A Montceaux, trente-sept cordes et demie de terres.
MONTAUZON, ci-dev. garde du corps.	TROYES.	A Montceaux, une maison avec quatre-vingt-sept cordes d'enclos, six arp. quatre-vingt-cinq cordes de terres et quatre arp. trente-deux cord. de prés.
Jacques FADATES DE SAINT-GEORGES, ci-dev. garde du corps.	TROYES.	A Saint-Jean de Bonneval, deux arpents cinquante-cinq cordes de terres, trois arpents de vignes et un arpent dix cordes de prés. A Lirey, une belle maison de campagne avec ses dépendances, un bâtiment, soixante cordes d'accin, un arp. vingt-deux cordes de vignes, huit arp. de terres, trente-deux arp. trente cordes de prés, huit arpents prés, bois et canaux et quatre contrats de rentes sur différents citoyens. A Longeville, deux maisons et leurs dépendances, un moulin, un arpent de chennevière, vingt-huit arp. soixante-sept cordes et demie de terres et cinquante-huit arpents douze cordes de prés. A Maupas, une maison vingt-cinq cordes d'enclos, onze arpents vingt-sept cordes de prés et un arpent vingt-cinq cordes de terres.

NOMS DES ÉMIGRÉS.	DERNIER DOMICILE CONNU.	SITUATION ET DÉSIGNATION DE LEURS PROPRIÉTÉS.
LIANCOURT, ci-devant Duc.	PARIS.	A Villery, soixante-dix cordes de vignes. A Machy, une maison et ses dépendances avec un labourage. A Saint-Mards, deux cents soixante-sept arpents de bois. A Bercenay, cent soixante-sept arp. de bois. A Maraye, cent trente arpents de bois. A Villemoiron, deux cents quatre-vingt-cinq arpents de bois.
VALLANS, ci-devant noble.	CRANCY, paroisse de Villemoiron.	A Villemoiron, cinq maisons et dépendances, six arpents, jardin et enclos, deux arpents trente-cinq cordes de vignes, vingt-cinq cordes de bois, cinq cents quarante-quatre arpents quatre-vingt-dix cordes de terres et trente-cinq arpents vingt-cinq cordes de prés.

DISTRICT DE NOGENT-SUR-SEINE.

NOMS DES ÉMIGRÉS.	Dernier domicile connu.	SITUATION ET DÉSIGNATION DE LEURS PROPRIÉTÉS.
Paul-Esprit-Charles DE BOULONGNE.	Paris.	A Mâcon, une maison cent soixante-dix arpents de terres et deux rentes. A la Chapelle-Godefroy, un château, parcs, bois, terres et prés et ses dépendances, contenant en totalité neuf cents quatre-vingt-dix-sept arp. trois quarts. A Nogent, ferme, terres, prés, bois et rivières. A Saint-Nicolas, neuf arp. de prés. A la Saussotte, prés. A la Motte-Thilly, cent-vingt perches de prés. A Mériot, terres et prés. A Echemines, quarante-cinq arpents de terres. A Ossey-les-trois-Maisons, une ferme, un moulin à eau et trois cents arpents de terres et une rente de dix-huit livres. A la Fosse-Corduan, un moulin à eau et dépendances et deux contrats de rente. A Marigny, maison, bâtiments, cour, jardins et dépendances, contenant en totalité dix arpents, trente arpents de garennes, deux cents trente-neuf arpents et demi de terres labourables, trente arpents ou environ de prés, un étang, plusieurs rentes en grains et en argent et deux arpents de saussaies. A Marcilly-le-Hayer, quatre cents quarante-deux arp. de bois, une ferme, cent quatre-vingt-huit arpents soixante-

NOMS DES ÉMIGRÉS	DERNIER DOMICILE CONNU.	SITUATION ET DÉSIGNATION DE LEURS PROPRIÉTÉS.
		deux cordes de terres et dix-neuf arpents quatre-vingt-quatorze cordes de prés. A Saint-Aubin, quatre cents quinze arpents de terres, cent dix arpents de prés et deux cents arpents de bois. A Marnay, une ferme, quatre-vingt-quinze arp. de terres, cinquante-quatre arpents de prés et autres objets en bois remise.
DEBERULLE.	Foissy, département d'Yonne.	A Mâcon, vingt-quatre arp. de terres. A Prunay, une rente de trente livres. A Marnay, deux arpents soixante-quinze cordes de prés.
COLIN.	Donnemarie.	A Mâcon, soixante-dix-neuf perches de terres. A la Motte-Thilly, trente-six arpents de terres et prés. A Gumery, un quart de terres.
DUPLAND.	Villeneuve-l'Archevêque.	A Mâcon, un lot de terres.
L'ÉPAGNOLE.	Baby, départ. de Seine et Marne.	A Mâcon, vingt-cinq perches de terres.
LAVERNADE.	Sens.	A Mâcon, quatre-vingt-sept perches de terres. A la Motte-Thilly, quarante arpents de terres, prés et bois. A Plessis-gâte-bled, cinquante-quatre arpents de terres labourables. A Gumery, un arpent de terres. A Traisnel, cent deux arp. de terres et deux arpents de prés et chênes.

NOMS DES ÉMIGRÉS.	DERNIER DOMICILE CONNU.	SITUATION ET DÉSIGNATION DE LEURS PROPRIÉTÉS.
Les héritiers MARISSET	. . . .	A Mâcon, lot de terres.
PONTÉ.	Courcbaux.	A Mâcon, trente-sept perches de terres.
Eloy VIDAT.	Paris.	A Mâcon, terres et vignes.
BRIGEON, fille.	Paris.	A Mériot, un lot de terres et prés.
SINGERY, fille.	Paris.	A Mériot, terres et prés. A Nogent, prés. A Saint-Nicolas, trois arpents un quart de prés. A la Saussotte, prés.
ROUSSELET.	Paris.	A Mériot, des prés.
DOUETTE.	Oussey, dép. de Seine et Marne.	A Mériot, des prés. A Saint-Nicolas, quatorze arpents de prés et quatre arpents de terres. A la Saussotte, une ferme et terres en dépendant.
SAVIGNY.	Rozay en Brie.	A Mériot, bois taillis.
Les H^{ers}. BOSCHERON.	Neurry, dép. de Seine et Marne.	A la Motte-Thilly, terres et prés. A Gumery, deux arpents et demi de terres labourables.
Les héritiers TERRAY.	Neurry.	A la Motte-Thilly, terres et prés.
DUCHESNE.	Provins.	A la Motte-Thilly, terres et prés. A Gumery, un arpent et demi de terres labourables. A la Saussotte, une ferme et terres.

NOMS DES ÉMIGRÉS.	DERNIER DOMICILE CONNU.	SITUATION ET DÉSIGNATION DE LEURS PROPRIÉTÉS.
DERGOUTIERE.	Sens.	A la Motte-Thilly, cent arpents de terres et prés.
La femme ESELIGNAC.	Paris.	A Nogent, deux maisons en magasins.
PENTHIEVRE.	Paris.	A Nogent, maison et jardin.
DESLIONS.	Chailly.	A Nogent, terres et prés. A Marnay, un arp. et demi de prés.
CHAILLOT.	Provins.	A Nogent, terres et prés. A Pont-sur-Seine, dix-sept arpents de prés.
SONY DE BOISFRANC.	Paris.	A Nogent, terres et prés. A Saint-Nicolas, dix arpents de prés, et douze arpents et demi de terres. A Marnay, un arp. trois quarts de prés.
ROULIN.	Mont.	A Nogent, terres et prés. A Marnay, dix-sept arpents de terres et prés.
PONCY.	. . . .	A Nogent, terres.
BARDOT.	Paris.	A Nogent, une maison.
Les héritiers BILLOT.	. . . .	A Nogent, prés.
FOSSAYEUX.	Bray.	A Nogent, prés.
PIGEON.	Provins.	A Nogent, prés.
LAUXERROIS.	Meaux.	A Nogent, prés.

NOMS DES ÉMIGRÉS.	Dernier domicile connu.	SITUATION ET DÉSIGNATION DE LEURS PROPRIÉTÉS.
BLANCHET et DUPLAND.	Villeneuve-l'Archevêque.	A Nogent, terres.
DUMOUCHIN.	Provins.	A Nogent, terres.
BARCHERON.	Neurry.	A Nogent, terres.
CHERTIER VINEBAULT.	Malthe.	A Nogent, maisons, deux portions de maisons et terres. Dix arpents cinquante cordes de prés.
NISARD.	Paris.	A Nogent, maison et jardin.
Giles REGNAULT.	Paris.	A Nogent, maisons et jardins.
BONNEVILLE, fille.	Paris.	A Nogent, chantier et jardin.
Frères GOUBAULT.	. . . .	A Nogent, terres et prés.
ROGER.	Paris.	A Nogent, maison et jardin.
BRUNET.	Bray.	A Nogent, des prés.
GODOT.	Marcilly-sur-Seine.	A Nogent, des prés. A Pont-sur-Seine, un arpent soixante-quinze cordes de terres, trois arp. trente-cinq cordes de prés.
GUERARD.	Provins.	A Nogent, prés.
Joseph LECLAIR.	Chenoise.	A la Saussotte, terres.
Louis BONTÉ.	La Queue-aux-Bois.	A la Saussotte, terres.

NOMS DES ÉMIGRÉS.	DERNIER DOMICILE CONNU.	SITUATION ET DÉSIGNATION DE LEURS PROPRIÉTÉS.
CLAUSSIER.	COULOMMIERS.	A la Saussotte, terres.
BRUSLEY.	SÉZANNE.	A la Saussotte, bois taillis.
La veuve FANIEL.	VILLEGRUY.	A la Saussotte, prés.
Louis-Jacques LORIN,	PROVINS.	A la Saussotte, terres et prés.
GERARD.	CHAMPENEZ.	A la Saussotte, terres.
GAUTHIER.	SENS.	A Saint-Hilaire, une ferme et cent cinq arpents soixante-quinze cordes de terres. A Crancey, cinq arpents vingt-cinq cordes de prés.
La veuve HITIER.	CELLE.	A Saint-Hilaire, aucuns détails de ses propriétés. A Pont-sur-Seine, maison et trente-sept cordes dix pieds de terres. A Gumery, deux arpents de terres.
MARGUERÉ.	PARIS.	A Saint-Hilaire, une ferme, quatre-vingt arpents cinquante-neuf cordes dix-neuf pieds de terres et six arpents de prés.
Veuve D'HOSTON.	SAINT-OMER en Artois.	A Saint-Hilaire, un arpent cinquante-neuf cordes de terres et quinze arpents de prés. A Pont-sur-Seine, quatre arp. vingt-cinq cordes de terres et cinq arpents de prés.
Etienne MOUCHY.	ESCLAVOLLES.	A S. Hilaire, nul détail de propriétés.

D

NOMS DES ÉMIGRÉS	DERNIER DOMICILE CONNU.	SITUATION ET DÉSIGNATION DE LEURS PROPRIÉTÉS.
Etienne MUGOT.	Lurey, paroisse de Conflans.	A Saint-Hilaire, nul détail de propriétés.
PETIT.	Ferté sous Jouarre.	A Saint-Hilaire, soixante-dix-huit cordes de vignes. A Pont-sur-Seine, bâtiments, trois arpents huit cordes de terres et un arp. de prés.
Denis ROBLAIN.	Villiers-aux-Corneilles.	A Saint-Hilaire, nul détail.
Etienne THIERRY.	Esclavolles.	A Saint-Hilaire, nul détail.
Etienne REVIAL.	Sézanne.	A Crancey, quarante-cinq arpents de terres. A Marnay, sept arpents de terres. A Pont-sur-Seine, bâtiments, cent vingt-un arpents soixante-quinze cordes de terres, et vingt-six arpents de prés.
Jean-Charles THUIN.	Montereau.	A Crancey, cinq arpents trente-une cordes cinq pieds de terres et un arpent trente-une cordes cinq pieds de prés. A Pont-sur-Seine, trente-un arpents soixante-onze cordes de terres et cinquante-six cordes de prés.
SALVERTE.	. . . .	A Marnay, des prés.
GODOT DESVARENNES.	Paris.	A Marnay, maison et vingt arpents de terres et prés.
BERTRAND.	Provins.	A Marnay, cinq arpents soixante-quinze cordes de prés.

NOMS DES ÉMIGRÉS.	DERNIER DOMICILE CONNU.	SITUATION ET DÉSIGNATION DE LEURS PROPRIÉTÉS.
JABOT.	Villeneuve aux riches Hommes.	A Marnay, cinquante cordes de prés.
HURANT.	Nogent.	A Marnay, un arpent de prés.
LABOULAYE.	Oussey.	A Marnay, un arpent soixante-quinze cordes de prés.
BARDIN.	Provins.	A Pont-sur-Seine, quatre arpents soixante-trois cordes de prés.
Etienne BREJON.	Chamoy.	A Pont-sur-Seine, un arpent vingt-six cordes de terres.
La veuve GEDOUIN.	Provins.	A Pont-sur-Seine, soixante-quinze cordes de prés.
Christophe GRAFFAUT.	Chancenay.	A Pont-sur-Seine, une maison, huit arp. quarante-quatre cordes dix pieds de terres et quatre arpents cinquante cordes de prés.
ROBEQUIN.	Marcilly.	A Pont-sur-Seine, un arp. de prés.
François ROZÉ.	Conflans.	A Pont-sur-Seine, cinquante cordes de terres et deux arpents de prés.
SIMON et THOMASSIN.	Provins.	A Pont sur-Seine, huit arp. soixante-quinze cordes de prés.
SOCARD.	Conflans.	A Pont-sur-Seine, cinquante cordes de prés.
François CALLY.	Bouy-sur-Orvin	A Bouy-sur-Orvin, trois arpents de

NOMS DES ÉMIGRÉS.	DERNIER DOMICILE CONNU.	SITUATION ET DÉSIGNATION DE LEURS PROPRIÉTÈS.
		terres labourables et trois quarts de prés et aunelles.
Bernard MONTESSUE.	Vésoul en franche Comté.	A la Louptièrre, six cents arpents de terres labourables, quatorze perches de vignes et une ferme. A Plessis-gâte-bled, deux cents quarante-sept arp. soixante-dix-sept perches de terres, un demi-arpent de vignes, deux arpents de prés et cent quarante-cinq arpents de bois taillis. A Traisnel, cent soixante-deux arp. trois quarts de terres et trente cinq arp. un quart de prés.
François DUPONT, Etienne LÉVESQUE, et Jean-Baptiste-Gervais LÉVESQUE.	Paris.	A Traisnel, trente arpents de terres et un arpent de prés.
Claude SAVIGNAT.	Provins.	A Traisnel, six arpents trois quarts de terres, une maison et un demi-arpent de vignes.
Louis LAILLAT.	Villers-sur-Seine.	A Traisnel, deux arpents trente-sept cordes et demie de terres labourables.
Jacques MARTINET.	Courceaux.	A Traisnel, deux arpents et demi de terres et cinquante-six cordes de chennevière et prés.
Jean-François MARTEAU.	Villeneuve-l'Archevêque.	A Traisnel, vingt arpents de terres.
Etienne MARION.	Villenauxe-la-Petite.	A Traisnel, soixante arp. en terres, chennevières et prés.

NOMS DES ÉMIGRÉS.	DERNIER DOMICILE CONNU.	SITUATION ET DÉSIGNATION DE LEURS PROPRIÉTÉS.
Réné VIDAULT.	Manny-le-Repeinex.	A Traisnel, trois arpents de terres labourables.
Jean-Baptiste BUSSOT.	Courceaux.	A Traisnel, quarante-cinq arpents de terres et trente-sept cordes et demie de prés et chennevières.
Les héritiers MERCIER et GOURRÉ.	Villeneuve-l'Archevêque et Thorigny.	A Traisnel, quarante-huit arpents de terres.
L'abbé LAURENT.	Villeneuve-l'Archevêque.	A Traisnel, vingt arpents de terres.
RELIN.	Sigy.	A Traisnel, dix-huit arp. de terres.
NONAT.	Fourche-Fontaine.	A Traisnel, un arp. et demi de terres, chennevières et prés.
Charles PERSON.	Villiers-Bonneux.	A Traisnel, trois-quarts de prés.
BONNAIRE.	Sens.	A Traisnel, un arp. un quart de prés.
CHARPENTIER.	Vertilly.	A Traisnel, un arp. un quart de prés.
Marie VIDAT.	Sosgne.	A Traisnel, cinquante-six cordes de terres.
MAILLET.	. . . .	A Nogent, des prés.
CHANTREAU, fille.	Paris.	A Nogent, prés.
CHALLEMBERT.	Paris.	A Nogent, une rente de 7 liv. 10 sous.

NOMS DES ÉMIGRÉS	DERNIER DOMICILE CONNU.	SITUATION ET DÉSIGNATION DE LEURS PROPRIÉTÉS.
DELIANCOURT.	Paris.	A Dierrey-Saint-Julien, quatre-cents cinquante-trois arpents de terres labourables et une rente de 30 liv.
OTHON.	Saint-Omer en Artois.	A Pars, des terres labourables.
SIMON.	Paris.	A Saint-Aubin, six cents quatre-vingt-dix-huit arpents de terres. A Quincey, nul détail de ses biens.
CHARTIER.	Paris.	A Saint-Aubin, quatre arp. de terres.
Denis JEANSON.	Meulan.	A Gelanne, douze arpents cinquante-six perches de terres labourables.
PARIS, V° CHARTIER.	Paris.	A Gelanne, six arp. cinquante perches de terres.
BOUCHERAT.	Troyes.	A Quincey, quatre arpents vingt-cinq perches de terres.
André LEBLANC DE CLOIS.	Maisons, près Vitry.	A Rigny-la-Noneuse, une ferme, cent soixante-un arpents et demi de terres et dix-huit arpents et demi de prés. A Bossenay, un moulin, un petit bois d'aunelles, trois arpents de terres et trois arp. vingt-cinq cordes de prés. A Avon-la-Peze, un château et dépendances, six cents vingt-cinq arpents cinquante-cinq cordes de terres, cent cinquante arpents de bois et plusieurs rentes foncières non spécifiées et sans titres connus. A Marcilly-le-Hayer, neuf arpents de terres.

NOMS DES ÉMIGRÉS.	DERNIER DOMICILE CONNU.	SITUATION ET DÉSIGNATION DE LEURS PROPRIÉTÉS.
		A Saint-Lupien, trente-quatre arpents de terres.
Christophe-Leon BERTRAND.	SENLIS.	A Saint-Hilaire, neuf arp. de terres. A Crancey, huit arpents de terres et deux arpents de prés. A Marnay, dix arpents de terres. A Pont-sur-Seine, soixante-dix-neuf arpents une corde de prés, cent quatre-vingt-deux arp. douze cordes dix pieds de terres et bâtiments.
LEBLANC.	PARIS.	A Saint-Hilaire, deux arp. de prés.
Charles-Marie DESNOYERS.	TONNERRE.	A Saint-Hilaire, vingt-sept arpents quatre-vingt-douze cordes quinze pieds de terres et six arpents soixante-deux cordes dix pieds de prés. A Crancey, vingt arp. soixante-treize cordes cinq pieds de terres et vingt-cinq arpents soixante-quinze cordes de prés. A Pont-sur-Seine, trois arp. de prés.
Claude-Gervais DUCHAT.	GRANGE-SUR-AUBE.	A Saint-Hilaire, une ferme et deux cents soixante-dix-sept arp. cinquante-six cordes cinq pieds de terres.
DUGAY.	COULOMMIERS.	A Saint-Hilaire, quarante-quatre arp. cinquante cordes de prés. A Crancey, seize arpents vingt-cinq cordes de terres et neuf arp. de prés.
Louis-Marie-Guillaume DE CHAVAUDON.	. . . .	A Bercenay-le-Hayer, une maison ci-devant seigneuriale, un moulin à eau, une maison donnée à rente, trente-huit arpents trente-sept cordes de prés, onze cents arpents soixante-dix-huit cordes de

NOMS DES ÈMIGRÉS.	DERNIER DOMICILE CONNU.	SITUATION ET DÉSIGNATION DE LEURS PROPRIÉTÈS.
		terres, trois corps de ferme et plusieurs rentes. A Marcilly-le-Hayer, cent quatre-vingt-quatre arpents et demi de terres, six arpents quatre-vingt-quatre cordes de prés et quatre-vingt-dix arpents de bois.
DEMONTMORENCY dit LUXEMBOURG.	. . . .	A Bercenay-le-Hayer, un vieux château, un corps de ferme et ses dépendances avec quatre cents arp. de terres, quarante arpents de prés, vingt-six arpents de bois et plusieurs cens et rentes qui lui sont dûs.
Nicolas DESMARAIS.	PALIS.	A Marcilly-le-Hayer, six corps de fermes, huit cents vingt-trois arpents de terres, soixante quatorze arpents deux cordes de prés, six cents quarante-cinq arpents soixante-quinze cordes de bois et plusieurs biens donnés à rente en grain. A Palis, un château et autres bâtimens d'exploitation avec ses dépendances, cent arpents de bois, six cents soixante arp. quarante cordes de terres, et plusieurs rentes dues par différents particuliers. A Plantis, un arpent de vigne et quarante arpents de terres. A Faux-Villecerf, sept arp. de terres. A Saint-Lupien, un corps de ferme avec bâtiments, trois cents quatre-vingt-seize arpents de terres et quatre arpents de prés.
DEMARICOURT.	SAINT-MARTIN-DU-BANCHÉ.	A Saint-Nicolas, cinq arp. et demi de terres et cinq arp. de bois taillis. A la Saussotte, terres.

NOMS DES ÉMIGRÉS.	DERNIER DOMICILE CONNU.	SITUATION ET DÉSIGNATION DE LEURS PROPRIÉTÈS.
PICOURT.	Provins.	A Saint-Nicolas, trente-deux arpents et demi de prés et cinq arpents et demi de terres.
BROSSART.	Paris.	A la Saussotte, vingt arp. de terres.
Les héritiers HITIER.	Provins.	A la Saussotte, une ferme et terres.
Les mineurs PONGÉ.	Provins.	A la Saussotte, terres, vignes et prés.
SIMON.	Provins.	A la Saussotte, des prés. A Saint-Hilaire, quatre-vingt-sept cordes dix pieds de terres. A Crancey, deux arpents soixante-deux cordes dix pieds de terres et quatre arpents soixante cordes de prés. A Traisnel, soixante-seize arpents de terres. A Pont-sur-Seine, neuf arpents cinquante cordes.
La Vᵉ DUHAMEL.	Provins.	A la Saussotte, prés.
Jean-Baptiste MOREL.	Provins.	A la Saussotte, terres et prés.
LENAIN.	Sézanne.	A la Saussotte, terres et prés.
HUOT.	Saint-Martin-Chennetron.	A la Saussotte, terres et prés.
Jean JEANNARD.	Pigeoley, par de Chalautre.	A la Saussotte, terres.
La veuve BILLY.	Provins.	A la Saussotte, des terres.

E

NOMS DES ÉMIGRÉS.	DERNIER DOMICILE CONNU.	SITUATION ET DÉSIGNATION DE LEURS PROPRIÉTÉS.
ANDRECOURT.	Paris.	A la Saussotte, terres.
Jean BARBOIS.	Queue-aux bois, paroissse de Villegruy.	A la Saussotte, terres.
Les héritiers GILOPÉ.	Fourche-Fontaine.	A la Louptière, quatre arpents de terres et trois quarts de vignes.
GUICHARD.	Sens.	A la Louptièrre, quatorze arpents de terres.
Ve Nicolas VIDAULT.	Sens.	A Plessis-gâte-bled, trois arpents de terres.
HUGUET.	Soligny.	A Soligny-les-Etangs, un arpent de vigne et un arpent de terres.
Claude DENISE.	Courlon.	A Soligny-les-Etangs, une maison, cour et bâtiments, et un quart accin et prés.
Pierre COYARD.	Fourche-Fontaine.	A Traisnel, un demi arpent de prés.
Christophe ROSSEL.	Sens.	A Gumery, deux cents trente-cinq arpents de terres, dix-sept arp. un quart de prés et aulnois, un arpent et demi de jardin, trois arpents de hayes et fossés, une cour et bâtiments, etc. et une rente de 98 liv. A Traisnel, deux arpents un quart de terres.
Benoît COMDAMINET.	Fourche-Fontaine.	A Gumery, deux arpents de terres.

NOMS DES ÉMIGRÉS.	DERNIER DOMICILE CONNU.	SITUATION ET DÉSIGNATION DE LEURS PROPRIÉTÉS.
Louis COUDREAU.	Villeneuve-l'Archevêque.	A Gumery, six arpents trois quarts de terres. A Traisnel, cinq arpents et demi de terres.
ROMAINVILLE.	Provins.	A Gumery, vingt-deux arp. de terres.
Gabriel DELAPLACE.	Fourche-Fontaine.	A Gumery, un arp. dix-sept perches de terres.
Jean L. TREINGNAC.	Sens.	A Gumery, deux cents dix arpents de terres et prés.
POTRINCOURT.	Sens.	A Gumery, cent soixante-sept arpents de terres et prés.
Vᵉ Simon BREVIGNON.	Armés.	A Gumery, trois arpents de terres.
Etienne HERLUISON.	Fourche-Fontaine.	A Gumery, un demi-arpent de prés.
Etienne PICARD.	Villers-sur-Seine.	A Gumery, un arpent trois-quarts de prés.
Simon CHAILLOT.	Rempillon.	A Gumery, deux arpents et demi de prés.
François NAVIER.	Villers-sur-Seine.	A Gumery, trois quarts de terres.
Edme TIERRY.	Villers-sur-Seine.	A Gumery, deux arpents et demi de terres.
Fiacre LUCQUIN.	Villiers-sur-Seine.	A Gumery, trente-sept cordes et demie de terres.

NOMS DES ÉMIGRÉS	DERNIER DOMICILE CONNU.	SITUATION ET DÉSIGNATION DE LEURS PROPRIÉTÉS.
Louis VAJON.	Fourche-Fontaine.	A Gumery, un demi-arpent de terres.
Pierre LÉPAGNOLE.	Villenauxe-la-Petite.	A Gumery, un demi-arpent de terres.
Thimotée LECLERT ou ses héritiers.	Boloyx.	A Gumery, quatre-vingt-sept cord. et demie de terres.
Etienne CLAUDE.	Paris.	A Gumery, trois quarts de terres.
Jean GITARD.	Paris.	A Gumery, deux arpents et demi de terres.
COLIN.	Provins.	A Gumery, trois quarts de terres.
Nicolas BLAIN.	Janne.	A Gumery, un arpent de terres. A Traisnel, un demi-arpent de terres.
FAC-PARIOT.	Villiers-sur-Seine.	A Gumery, un quart de terres.
Edme LUCQUIN.	Hiverly.	A Gumery, un demi-arpent de terres.
Jacques LUCQUIN.	Provins.	A Traisnel, vingt arpents de terres.
Veuve Louis DUPONT.	Provins.	A Traisnel, vingt arpents de terres.
LAHARCE ou RUZÉ.	Sens.	A Traisnel, cent vingt arp. de terres.
HARDY.	Sens.	A Traisnel, trois arp. un quart de terres.
Fiacre DICAN.	Villeneuve-l'Archevêque.	A Traisnel, un arp. trente-sept cordes et demie de terres.

NOMS DES ÉMIGRÉS.	DERNIER DOMICILE CONNU.	SITUATION ET DÉSIGNATION DE LEURS PROPRIÉTÉS.
DOUINE.	SENS.	A Traisnel, trente-sept cordes et demie de terres, dix-huit cordes aulnois et une rente de 6 liv.
Claude POCHARD, Meûnier.	ECHELLE.	A Villenauxe, une rente.
Isidore VERY.	CONFLANS-SUR-SEINE.	A Villenauxe, une rente. A Perrigny-la-Rose, une rente et sa part dans une autre.
Alexandre LEGRAND.	CHATEAU-THIERRY.	A Villenauxe, deux rentes sur deux maisons.
THENARD, Homme de Loi.	SAINTES.	A Villenauxe, deux rentes sur des vignes.
ROYER, bourgeoise.	SÉZANNE.	A Villenauxe, une rente constituée et deux autres sur des vignes.
CARROILLON, veuve Pierre FONTAINE.	FONTAINEBLEAU	A Villenauxe, rentes sur deux maisons.
Edme-Nic. CHENNAT, bourgeois.	PARIS.	A Villenauxe, des rentes sur des maisons et autres biens. A Barbuise, des rentes sur des vignes et terres.
Théodore BRULEY.	SÉZANNE.	A Villenauxe, rentes sur des vignes et sur un moulin, soixante-quatre arp. vingt-une perches de terres. A Montpothier, rentes sur des terres et vignes.
Louis-Laurent CORRARD.	PARIS.	A Villenauxe, maison, grange, écuries et jardin, vingt-trois arpents qua-

NOMS DES ÉMIGRÉS.	DERNIER DOMICILE CONNU.	SITUATION ET DÉSIGNATION DE LEURS PROPRIÉTÉS.
		rante-six perches et une rente sur une maison. A Plessis-Barbuise, vingt-cinq perch. de terres labourables. A Montpothier, deux arpents vingt-cinq perches de terres labourables.
Réné-Théodore CORRARD.	PLANCY.	A Villenauxe, un bâtiment, trente-sept arp. quatre-vingt perches de terres et une rente. A Plessis-Barbuise, rente sur des terres.
Les héritiers PONCY.	VILLENEUVE-L'ARCHEVÊQUE.	A Villenauxe, deux rentes sur des vignes.
GEOFFROY-GUYON.	SOISSONS.	A Villenauxe, une maison.
VERNE, bourgeois.	PARIS.	A Villenauxe, une maison.
BEAUJEAUX, fille.	PROVINS.	A Villenauxe, rente constituée.
DOUET, marchand.	. . . .	A Villenauxe, rente sur un pressoir.
JEAUCOURT.	PROVINS.	A Villenauxe, rente sur des vignes.
Joseph BERGER.	CHALAUTRE-LA-PETITE.	A Villenauxe, rentes sur des vignes et maison.
Jean-Baptiste VALLOT.	PARIS.	A Villenauxe, rentes sur des vignes.
Jean L'ENFANT.	PRÉ-DU-BUT, paroisse d'Escardes	A Villenauxe, rentes sur des vignes.
PINARD.	PROVINS.	A Villenauxe, une rente constituée.

NOMS DES ÉMIGRÉS	DERNIER DOMICILE CONNU.	SITUATION ET DÉSIGNATION DE LEURS PROPRIÉTÉS.
HOUILLIER.	Sézanne.	A Villenauxe, rente sur une maison.
BOURGEOIS.	Bagneux.	A Villenauxe, sa part dans une rente sur une maison.
La Ve ROGER la jeune.	Lapsauve, par. de Nangis.	A Villenauxe, sa part dans une rente sur une maison.
Ve DELINE, bourgeoise.	Paris.	A Villenauxe, rente sur une maison
Les H^{ers} VENNEVAUX.	Provins.	A Villenauxe, *idem*.
GRAVERY, marchand.	Cressy.	A Villenauxe, *idem*.
POITEVIN.	Marcilly-sur-Seine.	A Villenauxe, une auberge.
Les héritiers VARANTE	Provins.	A Villenauxe, rente sur une maison.
Louis CHAILLOT.	Barbonne.	A Villenauxe, rentes sur des terres, vignes et maison. A Montpothier, rente sur des terres. A Barbuise, rentes sur des vignes et terres.
Jean DUJANCOURT.	Montgenost.	A Villenauxe, rente sur des vignes.
FAURE, fille.	Langres.	A Villenauxe, une rente viagère de 480 liv., due par un particulier.
Claude-Antoine CHAPOTOT.	Saint-Genest.	A Villenauxe, sa part dans une rente sur des vignes. A Montpothier, rentes sur des vignes et sur une maison.

NOMS DES ÉMIGRÉS.	DERNIER DOMICILE CONNU.	SITUATION ET DÉSIGNATION DE LEURS PROPRIÉTÉS.
		A Barbuise, sa part dans une rente sur une maison.
Pierre GONTHIER.	Montgenost.	A Villenauxe, rente sur des vignes.
Les héritiers Louis JOBELET.	. . . .	A Villenauxe, une rente sur vingt-deux arpents de terres.
Les héritiers veuve GASPARD-GONELLE.	Villers-Saint-Georges.	A Villenauxe, des rentes sur des vignes. A Montpothier, une rente sur une masure. A Plessis-Barbuise, rentes sur deux maisons, terres et vignes.
RETHEL, homme de Loi.	Provins.	A Villenauxe, rentes sur des vignes et une maison.
Bern. Paul LEFEBVRE.	Montereau.	A Villenauxe, une rente viagère.
Claude-Paul PARISOT.	Chantemerle.	A Villenauxe, une rente viagère. A Perrigny-la-Rose, quatre arpents vingt-cinq perches de terres labourables.
Les héritiers Elme CHARONNAT.	Villenauxe.	A Villenauxe, quatre-vingt-huit perches de prés, quarante-six perches de vignes, trois maisons, deux granges, un jardin et deux rentes foncières. A Plessis-Barbuise, une rente sur des vignes.
Les héritiers DIOT.	Montceaux.	A Villenauxe, rente sur des vignes.
La veuve DENISARD.	Provins.	A Villenauxe, rente sur des vignes.
ANGENOUST.	Provins.	A Villenauxe, rente sur des vignes.

NOMS DES ÉMIGRÉS.	DERNIER DOMICILE CONNU.	SITUATION ET DÉSIGNATION DE LEURS PROPRIÉTÉS.
GUILLARD.	Provins.	A Villenauxe, rente sur une maison.
COFFINET, H^e de Loi.	Bray-sur-Seine	A Villenauxe, rente sur des vignes
Jean ROUSSEAU.	Montgenost.	A Villenauxe, rente sur des vignes. A Plessis-Barbuise, sur vingt perches de terres.
Pierre LANGLOIS.	Barbonne.	A Villenauxe, sa part dans une rente sur des vignes. A Plessis-Barbuise, *idem*.
Pierre LEFEBVRE, Marchand.	Pont-sur-Seine.	A Villenauxe, sa part dans une rente sur des vignes. A Plessis-Barbuise, *idem*.
LELONG.	Nemours.	A Villenauxe, rente sur une maison.
Charles-Victor DEQUEULX.	Paris.	A Villenauxe, sa part dans une rente sur une maison. A Barbuise, *id.* sur des vignes et autres biens.
BROSSE.	Paris.	A Villenauxe, rente sur une maison.
Les héritiers LENFANT.	Chalautre-la-Grande.	A Villenauxe, vingt-cinq perches de vignes.
La veuve FERGELOT.	Barbonne.	A Villenauxe, rente sur une maison.
La Ve PIAT, marchande.	Conflans-sur-Seine.	A Villenauxe, rentes sur des vignes.
PIGEON.	Provins.	A Villenauxe, *idem*.

F

NOMS DES ÉMIGRÉS.	DERNIER DOMICILE CONNU.	SITUATION ET DÉSIGNATION DE LEURS PROPRIÉTÈS.
Les héritiers Pierre CHAILLET.	Paris.	A Villenauxe, rente sur une maison.
Laurent GAUTHIER.	Bouchy.	A Villenauxe, une maison.
Paul LENFANT.	Bethon.	A Villenauxe, rente sur des vignes.
Réné MONTMOUSSEAU, Sellier.	Paris.	A Villenauxe, une maison.
Les héritiers François SERPILLON.	Villegruis.	A Villenauxe, rente sur des vignes.
Edme-Denis LORNE.	Motet.	A Villenauxe, rente sur une maison.
ANGENOUST.	Champ-le-Nets.	A Villenauxe, rente sur des vignes.
Louis MERAT, vigneron.	Bethon.	A Villenauxe, *idem*.
HOUDET, juge.	Sézanne.	A Villenauxe, rente sur une maison.
Bon BENARD.	Saint-Bon.	A Villenauxe, rente sur des vignes.
Veuve MARET, bourgeoise.	Sézanne.	A Villenauxe, *idem*.
Veuve Jean-Pierre NASLOT.	Bethon.	A Villenauxe, rente sur une maison.
Jacques GRUYER, laboureur.	Boisdon.	A Villenauxe, rente sur des vignes.
Charles VINCENT, vigneron.	Montgenost.	A Villenauxe, *idem*.

NOMS DES ÉMIGRÉS.	DERNIER DOMICILE CONNU.	SITUATION ET DÉSIGNATION DE LEURS PROPRIÉTÉS.
Louis LECLAIRE, laboureur.	VILLOUETTE, Par. de St Bon.	A Villenauxe, deux contrats de constitution.
Antoine BILLY, meûnier	ECHELLE.	A Villenauxe, rente sur des prés.
Jean-Baptiste PERROT, marchand.	NANGIS.	A Villenauxe, ... perches de prés en fauche. A Plessis-Barbuise, un arpent de prés en fauche.
GRAFFAULT, Bourg.	SAINT-DIZIER.	A Villenauxe, rente sur des vignes.
Pierre BOURBONNEUX, laboureur.	SAINT-GENEST.	A Villenauxe, *idem*. A Montpothier, maison, cour, jardin et rente sur une maison. A Barbuise, sa part dans une rente sur une maison.
La veuve LANGLUMÉ, bourgeoise.	SÉZANNE.	A Villenauxe, rente sur une maison.
Les enfants mineurs BORDEL dits BLONDEL.	PROVINS.	A Villenauxe, *idem*.
Vᵉ Pierre FONTAINE.	FONTAINEBLEAU	A Villenauve, *idem*.
Michel MATHIAS	BANCHERY.	A Villenauxe, un contrat de rente.
Thomas DESCOTES.	. . . .	A Villenauxe, une maison.
Esprit-Jean-Pierre JOSSE.	SÉZANNE.	A Villenauxe, une ferme et deux cents soixante-dix arpents de terres.
Les héritiers Claude HUGUIER.	POTANGIS.	A Villenauxe, rente sur une maison.

NOMS DES ÉMIGRÉS.	DERNIER DOMICILE CONNU.	SITUATION ET DÉSIGNATION DE LEURS PROPRIÉTÉS.
Les héritiers Théophile LECLAVE.	Langrés.	A Villenauxe, rente sur une maison.
GUILLARD, coutelier.	Provins.	A Villenauxe, une rente constituée.
VASSEUR, bourgeois.	Paris.	A Villenauxe, une rente foncière.
POTHIER, bourgeois.	Dormans.	A Villenauxe, rente sur des vignes.
CLAIRAMPAUX.	Coulomiers.	A Villenauxe, rente sur des vignes et sur une maison.
Jean CHAMPENOIS.	Louan.	A Villenauxe, rente sur des vignes.
Jacques QUILLET.	Barbonne.	A Villenauxe, rentes sur des vignes, clos et maison.
Jean-Pierre CHAMPENOIS.	Paris.	A Villenauxe, deux rentes sur des vignes et un contrat de constitution.
BERTRAND, tanneur.	Provins.	A Villenauxe, deux rentes sur des vignes.
Simon-Pierre COCHOIS, homme de Loi.	Sézanne.	A Villenauxe, une maison, un clos en pré, entouré de plusieurs prés et une rente sur une maison. A Barbuise, trente-sept perches de terres.
César PELET.	Provins.	A Villenauxe, rentes sur une maison et sur des vignes. A Barbuise, cinq arpents de prés et deux rentes sur des vignes.
La veuve JULIOU.	Sézanne.	A Villenauxe, rente sur une maison.

NOMS DES ÉMIGRÉS.	DERNIER DOMICILE CONNU.	SITUATION ET DÉSIGNATION DE LEURS PROPRIÉTÉS.
RIVOT, notaire.	Sézanne.	A Villenauxe, rente sur des vignes.
Christophe MEUNIER, et Marie MEUNIER.	Chevru. Chalautre-la-petite.	A Villenauxe, rentes sur des vignes et maison.
Etienne-François VIGNOLE.	Chalautre-la-grande.	A Villenauxe, plusieurs rentes sur vignes et maison. A Montpothier, rentes sur des vignes et sur des maisons.
François CHAMPION.	Bergeres.	A Villenauxe, une maison et plusieurs rentes sur maisons et vignes.
Pierre VILENAY et Charles SIMON.	Bagneux.	A Villenauxe, rente sur des vignes.
Antoine ROBERT et J. B. BEAUFORT.	Esternay.	A Villenauxe, une maison et une rente sur une maison.
Pierre MÉON.	Fontaine-Saint Denis.	A Villenauxe, rente sur des vignes.
Jean-Pierre BAUDRY.	Villers-Saint-Georges.	A Villenauxe, *idem*.
DELESTRÉE, Directeur des postes.	Chalons-sur-Marne.	A Villenauxe, deux maisons et rente sur une maison.
FAVERET.	. . . .	A Villenauxe, rente sur des vignes.
Jean GOUJEARD, vigneron.	Montgenost.	A Villenauxe, *idem*. A Plessis-Barbuise, *idem*.
LEGRAND, boucher.	Provins.	A Villenauxe, *id.* et une rente constituée.

NOMS DES ÉMIGRÉS	DERNIER DOMICILE CONNU.	SITUATION ET DÉSIGNATION DE LEURS PROPRIÉTÉS.
SIMON, gendarme national.	Sézanne.	A Villenauxe, rente sur des vignes.
Vincent DORBAIE.	Chalautre-la-Grande.	A Villenauxe, *idem*.
Antoine GUEUX, vigneron.	Chantemerle.	A Villenauxe, *idem*.
La Ve Jean LEBLANC.	Esternay.	A Villenauxe, plusieurs rentes sur des vignes.
GUILLARD, tailleur d'habits.	Provins.	A Villenauxe, *idem*.
MAURICE, fille.	Sézanne.	A Villenauxe, rente sur des vignes.
Les héritiers veuve GIFFEY.	Sézanne.	A Villenauxe, *idem*.
Martin DROUET.	Sourdun.	A Villenauxe, une rente constituée.
André LENFANT.	Bethon.	A Villenauxe, une maison.
CHEVERRY, fille.	Provins.	A Villenauxe, rente sur une maison.
Marie-Jeanne CUISIN, veuve de Gabriel-Martin MENGIN, Et Marie SALOMON, épouse de Philippe-Martin MENGIN.	Paris.	A Villenauxe, rentes sur des vignes et maison et une constituée. A Montpothier, une ferme consistante en soixante-onze arpents de terres, trois arpents de prés et pâtures, soixante-quinze perches de bois broussailles et plusieurs rentes sur des maisons, terres et vignes. A Villeneuve-au-Châtelot, deux arp.

NOMS DES ÉMIGRÉS	DERNIER DOMICILE CONNU.	SITUATION ET DÉSIGNATION DE LEURS PROPRIÉTÉS.
		et demi de terres labourables et cinquante perches de prés. A Courtavant, une rente sur une maison. A Plessis-Barbuise, une ferme et dépendances, maison, bâtiments, un arp. cinquante perches de taillis, trois arp. de plantations de peupliers, seize perch. de vignes, dix-neuf arpents de prés en fauche, trois cents soixante-quatre arp. cinquante cordes de terres labourables, quarante-six arpents vingt-cinq cord. de bois et plusieurs rentes sur maisons, moulin, jardins, terres, vignes et prés. A Perrigny-la-Rose, soixante arpents de terres, un arpent et demi de prés et trois arpents et demi de prés en labour. A Barbuise, un ci-devant château et dépendances, contenant quatre-vingt-treize arpents, trois fermes, quatre maisons, un moulin, huit arpents de prés en labour, quatorze arpents de prés pâtures, cent quarante-deux perches trois-quarts de plantations de peupliers, dix-neuf arpents vingt-cinq perches, vingt-cinq cordes de bois, cent soixante-dix-sept arpents quarante-deux cordes de prés, sept cents soixante-seize arpents quatre-vingt-quatorze cordes de terres labourables et plusieurs rentes sur différents biens.
Nicolas GOUJEARD.	BARBONNE.	A Villenauxe, rente sur une maison.
Théodore MICHON, chirurgien.	SAINT-LOUP.	A Villenauxe, idem. A Plessis-Barbuise, soixante-dix-sept perches de prés, neuf perches de bois broussailles et une rente sur maison, terres et vignes.

NOMS DES ÉMIGRÉS.	DERNIER DOMICILE CONNU.	SITUATION ET DÉSIGNATION DE LEURS PROPRIÉTÉS.
Louis et Michel BIZET.	Paris ou Pantin	A Villenauxe, rente sur des vignes.
.... BUREAU, filles.	Provins.	A Villenauxe, *idem.*
Les héritiers LEDOS.	. . . .	A Villenauxe, *idem.*
Martin PICON.	Mongenost.	A Villenauxe, *idem.* A Plessis-Barbuise, vingt-cinq perch. de terres et trois perches de prés.
RIBERON, Curé.	Sézanne.	A Villenauxe, rente sur une maison.
Alexandre-Marie-Claude VILLIERS.	Mongenost.	A Villenauxe, une grande maison, jardin, clos, grange et pressoir.
La Veuve Edme PRE-VOSTAT.	Conflans-sur-Seine.	A Villenauxe, plusieurs rentes sur maisons et vignes, et deux rentes constituées.
La veuve DOYEN.	Provins.	A Villenauxe, rente sur une maison.
Edme GODOT.	Marcilly-sur-Seine.	A Villenauxe, rentes sur une maison et sur des vignes.
Jacques THIERRY, meûnier.	Echelle.	A Villenauxe, plusieurs rentes sur maisons et vignes.
GUILLARD, marchand de bled.	Provins.	A Villenauxe, rente sur des vignes.
La veuve MORIN, marchande.	Provins.	A Villenauxe, *idem.* A Barbuise, *idem.*
PRIVÉ.	Provins.	A Villenauxe, rente sur une maison.

NOMS DES ÉMIGRÉS.	DERNIER DOMICILE CONNU.	SITUATION ET DÉSIGNATION DE LEURS PROPRIÉTÉS.
Etienne JEANSON.	Mongenost.	A Villenauxe, rente sur des vignes.
V.e TRIPPIER, march.	Sézanne.	A Villenauxe, *idem*.
PONCY, Prêtre.	Paris.	A Villenauxe, rentes sur des vignes et maison.
DESNOYERS, bourg.	Tonnerre.	A Villenauxe, rente sur une maison. A Villeneuve-au-Châtelot, deux maisons. A Perrigny-la-Rose, rentes sur maison et terres et une constituée.
L.s ROMAINVALLET.	Sézanne.	A Villenauxe, rente sur des vignes.
BUREAU, bourgeois.	Sens.	A Villenauxe, rente sur des vignes et sur maisons.
THOMASSIN, tanneur.	Provins.	A Villenauxe, *idem*.
Pierre AVELINE, huissier.	Barbonne.	A Villenauxe, rente sur une maison et une constituée.
Les héritiers veuve Joseph GODOT.	Marcilly-sur-Seine.	A Villenauxe, rente sur une maison. A Villeneuve-au-Châtelot, quinze arpents de prés.
NARET, bourgeois.	Cerneux.	A Villenauxe, une maison.
LONGBOIS, menuisier.	Paris.	A Villenauxe, rente sur une maison.
PARISOT.	Sézanne.	A Villenauxe, rente sur une auberge.
DAVOST.	Voulton.	A Villenauxe, rente sur une maison.

NOMS DES ÉMIGRÉS.	DERNIER DOMICILE CONNU.	SITUATION ET DÉSIGNATION DE LEURS PROPRIÉTÉS.
Ve PRIVÉ, bourgeoise.	Provins.	A Villenauxe, rente sur maison.
Maurice HUGUIER.	Soyer.	A Villenauxe, *idem*. A Perrigny-la-Rose, un arp. de terres labourables et sa part dans une rente sur une maison.
RODON.	Provins.	A Villenauxe, rente sur une maison.
La veuve RUFFIER.	Provins.	A Villenauxe, *idem*.
GEOFFROY-GUYOT.	Beauvais.	A Villenauxe, rente sur des vignes.
La veuve Pierre-Mathias GRUYER.	Fontaine-sous-Montaiguillon.	A Villenauxe, deux arpents trois-quarts de terres labourables.
Pierre FANIEL, laboureur.	*Ibid.*	A Villenauxe, quatre-vingt-deux arpents de terres.
Michel AUGÉ-LEVOS, homme de loi.	Paris.	A Villenauxe, soixante-quatre arp. cinquante-sept perches de terres.
Les héritiers Jean JOBELET.	. . . .	A Villenauxe, cinquante-cinq arp. vingt perches de terres.
Nicolas GOUJEARD, bourgeois.	Paris.	A Villenauxe, une maison.
Eloy SANÉ, bourgeois.	*Ibid.*	A Villenauxe, une ferme deux cents quatre-vingt-treize arpents de terres labourables et quarante-six arp. soixante-quatre perches de bois taillis.
Augustin Jos. DUVAL, tanneur.	Ferré en Tardenois.	A Villenauxe, rentes sur maisons et vignes, deux constituées, quatre mai-

NOMS DES ÉMIGRÉS.	DERNIER DOMICILE CONNU.	SITUATION ET DÉSIGNATION DE LEURS PROPRIÉTÉS.
		sons, cinquante perches de vignes et dix perches de terres.
Jeanne RIVOT.	Lille en Flandr.	A Villenauxe, trois maisons.
Pierre MEIGNEIN.	Barbonne.	A Villenauxe, rente sur une maison.
SIMON, Notaire.	Provins.	A Villenauxe, rente sur des vignes. A Barbuise, cent perches de prés.
Michel-Ed. ANDIETTE, Notaire.	Fontaine-Denis	A Villenauxe, sa part dans une rente sur une maison.
Nicolas FRICAULT.	*Idem.*	A Villenauxe, *idem.*
GOUAI.	*Idem.*	A Villenauxe, *idem.*
Antoine-Jos. TERRAY.	Paris.	A Montpothier, une ferme et ses dépendances, une maison, neuf arpents et demi de grosses pâtures, trente perch. de terres à chennevières, six arpents de bois taillis, soixante arp. de bois haute futaye, quatorze arpents de terres en friche, cent treize arpents de terres et cinq arpents de prés. A Barbuise, cent arp. de bois taillis et cent arpents de terres labourables.
Cl. Martin GUILLOT, Notaire.	Barbonne.	A Montpothier, quatre arp. et demi de terres, vingt-six perches de bois broussailles et rente sur des vignes.
Gabriel FAYOLLE.	Turay, paroisse de Villiers-sur-Seine.	A Montpothier, une ferme, cent huit arpents de terres et cinq arpents et demi de jardin, clos et chennevière.

NOMS DES ÉMIGRÉS.	DERNIER DOMICILE CONNU.	SITUATION ET DÉSIGNATION DE LEURS PROPRIÉTÉS.
Etienne-Louis-Nicolas ADAM, vicaire.	CHATENAY.	A Montpothier, trente-sept perches de terres et trente-trois perches de vignes.
LANGLOIS veuve PIQUET.	SÉZANNE.	A Montpothier, rente sur des vignes et maison.
Nicolas DUCHESNE.	PROVINS.	A Montpothier, rente sur des vignes.
Théodore SIMONET.	VILLERS-SAINT-GEORGES.	A Montpothier, rente sur une maison.
La veuve RIVOT.	PROVINS.	A Montpothier, rente sur des vignes.
Veuve Pierre BRUNET.	PROVINS.	A Montpothier, rente sur maison et dépendances et vignes.
Les héritiers Isidore DEQUEULX.	PARIS.	A Montpothier, rente sur des vignes.
Fiacre CRUEL.	SAINT-BRICE.	A Montpothier, *idem*.
Maurice LÉTANG.	FONTAINE-riante par. Ste-Croix de Provins.	A Montpothier, *idem*.
BRECHERET.	BOUCHY.	A Montpothier, *id*.
BEAUPRÉ.	PROVINS.	A Montpothier, rente sur maison.
Veuve Louis PINON.	PROVINS.	A Montpothier, rente sur des bâtiments. A Perrigny-la-Rose, *id*. sur maison.
CARDON, Chirurgien.	PROVINS.	A Montpothier, sa part dans une rente sur des vignes.

NOMS DES ÉMIGRÉS.	DERNIER DOMICILE CONNU.	SITUATION ET DÉSIGNATION DE LEURS PROPRIÉTÉS.
Edme DOMANCHIN.	PROVINS.	A Montpothier, rente sur une maison.
DELISLE.	MONTIGNY-LEN-COUPE.	A Montpothier, rente sur des vignes.
PAUMARD.	PROVINS.	A Villeneuve-au-châtelot, un arpent de terres. A Perrigny-la-Rose, onze arpents de terres.
Les héritiers HARDY.	SENS.	A Villeneuve-au-châtelot, soixante-quinze arpents de terres, trente-cinq arpents de prés en fauche et deux rentes sur maisons. A Plessis-Barbuise, un arp. soixante-quinze cordes de terres. A Perrigny-la-Rose, vingt-deux arp. de terres. A Barbuise, trente-sept perches et demie de terre à chennevière, trois arpents et demi de prés en labour, cinquante cordes de bois broussailles, dix-neuf arpents vingt-cinq perches de terres et dix-huit arpents trente perches de prés.
Alexandre BARDIN.	PROVINS.	A Villeneuve-au-châtelot, cinq arp. de terres et un arp. de prés. A Perrigny-la-Rose, six arp. de terres.
Edme GODOT.	PARIS.	A Villeneuve-au-châtelot, une ferme, quarante-un arpents de terres et un arp. et demi de prés. A Plessis-barbuise, vingt-trois arpents de terres. A Perrigny-la-Rose, soixante-trois arp de terres et cinquante perches de prés. A Barbuise, huit arpents cinquante-

NOMS DES ÉMIGRÉS	DERNIER DOMICILE CONNU.	SITUATION ET DÉSIGNATION DE LEURS PROPRIÉTÉS.
HACQUET.	JOIGNY.	neuf perches de terres et douze arp. dix-huit perch de prés. A Villeneuve-au-châtelot, vingt-cinq arpents de terres, et deux rentes sur maisons. A Barbuise, trois arpents soixante-quatorze perches de terres.
Philippe BERTRAND.	PARIS.	A Villeneuve-au-châtelot, douze arp. soixante-quinze perches de terres et trois arp. de prés. A Perrigny-la-Rose, sept arpents de terres.
Les héritiers Claude LECLERC.	POTANGIS.	A Villeneuve-au-châtelot, une maison, trois arpents de terres, un arp. quatre-vingt-quinze perches de prés et trente-huit perches de terres à chenne-vière. A Plessis-Barbuise, un arpent trente-sept perches de terres.
Martin SAMSON, au lieu des héritiers Nicolas THIERRY.	BETHON.	A Villeneuve-au-châtelot, maison et chennevière, un arpent de terres et une rente sur une maison. A Plessis-Barbuise, un arp. cinquante perches de terres.
Jean JEANNARD.	PUITS-JOLLY.	A Villeneuve-au-châtelot, un arpent trente-quatre perches dix pieds de terres. A Plessis-Barbuise, soixante-sept perches de terres.
Les héritiers JOSSE.	PARIS.	A Villeneuve-au-châtelot, dix arp. de prés en pâture.

NOMS DES ÉMIGRÉS.	DERNIER DOMICILE CONNU.	SITUATION ET DÉSIGNATION DE LEURS PROPRIÉTÉS.
LEBLANC.	Paris.	A Villeneuve-au-châtelot, dix arpents de prés. A Perrigny-la-Rose, quatre arpents de terres et cinquante perches de prés.
CORDETZ veuve de Charles-Florent DE HOSTON.	Saint-Omer.	A Villeneuve-au-châtelot, trente-six arpents de terres et prés. A Perrigny-la-Rose, rente sur une maison. A Plessis-barbuise, deux arp. vingt-cinq perches de terres. A Barbuise, quinze arpents soixante-dix-huit perches de terres et deux arp. cinquante-huit perches de prés.
Etienne CONTAT.	Esclavolles.	A Villeneuve-au-châtelot, soixante-quinze perches de prés. A Perrigny-la-rose, trente-sept perch. dix pieds de terres.
Claude-Edme-Pierre LAPORTE.	Conflans-sur-Seine.	A Villeneuve-au-châtelot, soixante-quinze perches de prés.
NASLIN.	Barbonne.	A Villeneuve-au-châtelot, *idem*.
DOUET.	Paris.	A Villeneuve-au-châtelot, trois arp. de prés.
Louis GAUTHIER.	Sourdun.	A Villeneuve-au-châtelot, quatre-vingt-deux perches de prés.
Jean-Bapt. LEFEBVRE.	Potangis.	A Villeneuve-au-châtelot, douze arp. de terres.
Sébastien JEANGRON.	Provins.	A Villeneuve-au-châtelot, deux maisons et dépendances, dix arp. de terres

NOMS DES ÉMIGRÉS	DERNIER DOMICILE CONNU.	SITUATION ET DÉSIGNATION DE LEURS PROPRIÉTÉS.
Les héritiers ROBERT.	Plancy.	et des rentes sur des maisons et dépendances. A Perrigny-la-Rose, cinquante perch. de terres.
Edme JEANSON.	Potangis.	A Villeneuve-au-châtelot, un arpent et demi de prés.
Veuve POLENTRU.	Banaux.	*Ibid.* Soixante-quinze perch. de prés.
MIRE.	Chenoise.	*Ibid.* Rente sur une maison.
Le Curé de Villuis.	Villuis.	*Ibid.* Rente sur maison et dépendances.
DELAITRE.	Soissons.	*Ibid.* Rente sur une maison.
GAUTHIER.	Sens.	*Ibid.* Rente sur prés et terres.
DESCHAMPS, vannier.	Provins.	*Ibid.* Dix-sept arpents de prés et trois arpents de terres.
Jean-Baptiste BAZIN.	Potangis.	*Ibid.* Une rente constituée.
La Ve Vincent HITIER.	Celles sous Chantemerle.	*Ibid.* Rente sur une maison. A Perrigny-la-Rose, sa part dans soixante-deux perches et demie de terres. A Villeneuve-au-châtelot, onze arp. et demi de terres et cinq arpents et demi de prés. A Perrigny-la-Rose, sept arpents de terres et deux arp. de prés.
GAILLARD.	Chateau-Thierry.	A Villeneuve-au-châtelot, six quartiers de prés et une rente sur une maison.

NOMS DES ÉMIGRÉS	DERNIER DOMICILE CONNU.	SITUATION ET DÉSIGNATION DE LEURS PROPRIÉTÉS.
Les H^{ers} MOINVILLE. Les héritiers sont, PIEDCAIN. ROCHASSPIERRE. BURGE. le nom du quatrième est ignoré.	Paris. Ibid. Ibib. dans les environs de Bar-le-Duc.	A Villeneuve-au-châtelot, une ferme et dépendances, cent trente arpents de terres et cinquante arpents de prés. A Plessis-Barbuise, quatre-vingt-neuf arpents de terres et trois arp. soixante-quinze perches de prés. A Perrigny-la-Rose, une ferme et maison ci-devant seigneuriale, neuf arpents, tant bâtiments, cour, jardin, chennevière et fossés, quatre-vingt arpents de terres, cinquante arp. de prés en labour, quatre-vingt-treize arpents et demi de prés en fauche, quatre arpents de broussailles et oseraies, quatorze arp. et demi de bois taillis et deux rentes sur particuliers. A Barbuise, une ferme, cent cinquante arp. et demi de terres, quatre-vingt-neuf arp. cinquante-huit perches de prés en fauche et pâture et quatre-vingt-six arp. de bois taillis.
Marie THIERRY.	Conflans-sur-Seine.	A Plessis-Barbuise, trente arpents de terres, soixante-deux perches de prés et cinq perches de bois. A Perrigny-la-Rose, sa part dans une rente sur une maison.
Louis DERSON.	Nesle-la-Reposte.	A Plessis-Barbuise, un arp. trente-sept perches de terres et quarante-cinq perches de vignes.
Louis GOUSSIN.	Pimbaudierre, par. des Essarts-le-vicomte.	A Plessis-Barbuise, un arp. soixante-deux perches de terres.
Claude BEIGNOT.	Hervy, près Gois.	Ibid. un arpent soixante-quinze perch. de terres.

NOMS DES ÉMIGRÉS.	DERNIER DOMICILE CONNU.	SITUATION ET DÉSIGNATION DE LEURS PROPRIÉTÉS.
Claude PARISOT.	CHANTEMERLE OU LA CELLE.	A Plessis-Barbuise, un arp. de terres et une rente sur maison et terres. A Perrigny-la-Rose, quatre arp. vingt-cinq perches de terres.
Antoine ROUSSEAU, vigneron.	MONGENOST.	A Plessis-Barbuise, trente-sept perch. de terres labourables, trente-quatre perc. de prés et une rente sur une maison.
Lupien JEANSON, marchand.	PARIS.	*Ibid.* Rente sur maison et vignes.
Pierre et Louis DUSOLLIER, vignerons.	BETHON.	*Ibid.* rente sur vignes. A Barbuise, *id.*
Laurent FAYTRE, laboureur.	CHATILLON-SUR-MARNE.	A Plessis-Barbuise, rente sur une maison.
Jean-Baptiste CHAMPENOIS.	NESLE-LA-REPOSTE.	*Ibid.* soixante-quinze perches de terres.
Pierre VINCENT, vigneron.	MONTGENOST.	*Ibid.* Un arpent vingt-quatre perches de terres, vingt-sept perches de vignes, sept perches de prés et neuf perches de bois broussailles.
Jean VERLET, vigneron.	MONTGENOST.	*Ibid.* Neuf perches de vignes et quatre perches de terres à chennevière.
Denis BOUDIN, manouvrier.	POTANGIS.	*Ibid.* Un arpent de terres labourables et quatorze perches de vignes.
LEFEBVRE.	SAINT-OMER.	*Ibid.* Un arp. soixante-quatorze perch. de terres.

NOMS DES ÉMIGRÉS	DERNIER DOMICILE CONNU.	SITUATION ET DÉSIGNATION DE LEURS PROPRIÉTÉS.
LEGRAS, bourgeois, et ses enfants.	Sézanne.	A Plessis-Barbuise, trois arp. de terres. A Perrigny-la-Rose, onze arpents de prés.
Etienne MOUCHY.	Esclavolles.	A Perrigny-la-Rose, cinquante perch. de terres.
Nicolas BENOIST.	Conflans-sur-Seine.	*Ibid.* Soixante-seize perches dix pieds de terres et vingt-deux perches de prés.
La V.e CARREAU.	Celles sous Chantemerle.	*Ibid.* Une maison, sept arp. de terres et soixante-deux perches dix pieds de prés.
Les héritiers LINARD.	Potancis.	*Ibid.* Trente-sept perches dix pieds de terres.
Simon-Alexandre-Jean GALLIFET.	Paris ou Marcilly.	*Ibid.* Douze arp. de terres et treize arp. de prés.
Jean TRUGAL.	Mongenost.	*Ibid.* Un arpent de prés et rentes sur maisons.
Eloy MONTJOIE, maréchal.	Celles sous Chantemerle.	*Ibid.* Maison et onze arp. de terres. A Barbuise, soixante-onze perches de prés.
Victoire HENNEQUIN.	Tonnerre.	A Perrigny-la-Rose, rentes sur différents biens.
SAINTOT.	Saint-Cyr.	*Ibid.* Rentes sur maisons.
DOÉ.	Chapelle-Lasson.	*Ibid.* Rentes sur des terres.

NOMS DES ÉMIGRÉS.	DERNIER DOMICILE CONNU.	SITUATION ET DÉSIGNATION DE LEURS PROPRIÉTÉS.
GAMBIÉ.	Sens.	A Perrigny-la-Rose, rentes sur des terres.
CHARLOT.	Montereau.	*Ibid.* Rente sur maison.
MOLANDRE, Bourg.	Sézanne.	A Barbuise, rentes sur terres et prés.
LEFEBVRE, fille.	Fontainebleau	*Ibid.* Rente sur maison.
Anne-Eléonore et Elisabeth FLANDRES.	Paris.	*Ibid.* Cinquante-cinq perch. de vignes.
Jean P. GAILLIARD, berger.	Celles sous Chantemerle.	*Ibid.* Une maison, trente perches de terres et vingt perches de terres à chennevière.
Les héritiers HITTIER.	Provins.	*Ibid.* Trois arp. de terres.
Veuve Jacques SALLOT.	Chantemerle.	*Ibid.* Trois arpents et demi de terres.
Jean MÉRAT.	Bethon.	*Ibid.* Rentes sur terres et vignes.
La Ve et héritiers Louis GAUROY.	Conflans-sur-Seine.	*Ibid.* Rente sur une maison.
Charles MAILLET.	Paris.	*Ibib.* Rente sur des vignes.
LAROSE.	Saint-Quentin-le-Verger.	*Ibid.* Rente sur maison.

DISTRICT DE TROYES.

NOMS DES ÉMIGRÉS.	DERNIER DOMICILE CONNU.	SITUATION ET DÉSIGNATION DE LEURS PROPRIÉTÉS.
HUEZ DE POUILLY, fils.	TROYES.	A Barberey-saint-Sulpice, dix-sept arpents quatre-vingt-sept cordes de terres et deux arp. cinquante cordes de prés. A Saint-Martin-ès-vignes, dix-huit arp. quarante-huit cordes de terres et deux arp. vingt-cinq cordes de chennevière. A Bierne, huit arp. quinze cordes de terres. A Savoie, sa part dans soixante-quinze cordes de terres. Au Pont-Sainte-Marie, trois arpents vingt cordes de prés. A Vannes, deux maisons, un corps de ferme, un gagnage, quatre-vingt-sept cordes d'accin, cent cinquante-trois arp. cinquante cordes de terres et trente-cinq arp. cinquante cordes de prés. A Montgueux, cent soixante-dix cord. de vignes. A Breviande-Saint-Leger, sa part dans cent cinquante cordes de vignes et dans trente-sept cordes de terres labourables. A Croncels-Saint-Gilles, sa part dans deux cents dix cordes de vignes. A Barberey-aux-moines, sa part dans une piéce de vigne et dans un arpent de terres. A Payens, dans vingt-neuf arp. treize cordes de terres. A Saint-Benoît-sur-Seine, sa part dans deux maisons, cinquante-deux arp.

NOMS DES ÈMIGRÉS.	DERNIER DOMICILE CONNU.	SITUATION ET DÉSIGNATION DE LEURS PROPRIÉTÈS.
		de terres, un enclos contenant quatre arpents et dans cent dix-huit cordes de prés. A Saint-Parre-aux-tertres, sa part dans dix arpents de terres. A Troyes, quatre maisons, une vinée, trente cordes de vignes, cinquante cordes de terres, vingt-neuf cordes de jardin et oseraies. A la Chapelle-Saint-Luc, un corps de ferme, cinq arpents d'enclos, cinquante cordes de prés, cent soixante-deux cord. de garenne, trente-sept cordes et demie de vignes et treize arpents vingt-cinq cordes de terres. A Saint-Martin-ès-vignes, le ci-dev. château avec les bâtiments et dépendances, deux maisons, bâtimens, deux jardins, deux arpents de bois, un vivier, et les allées du château contenant deux cents cinquante cordes, vingt-cinq cord. oseraies, trente-sept cordes de vignes, soixante-quinze cordes de terres labourables et soixante-quinze cordes de chennevières. A Prugny, quarante-deux arpents vingt-cinq cordes de terres.
DE VILLEROY, ci-devant seigneur de Maraye.	MARAYE.	A Prugny, cent arpents de grands bois. A Laines-aux-bois, deux cents arpents de
LA CHAPELLE.	TROYES.	A Bierne, dix-sept arpents vingt-cinq cordes de terres. A Clerey, vingt-cinq arp. soixante-quinze cordes de terres, soixante-quinze cord. saussois et quatre arp. oseraie.

NOMS DES ÈMIGRÉS.	DERNIER DOMICILE CONNU.	SITUATION ET DÉSIGNATION DE LEURS PROPRIÉTÈS.
SALABERT, ci-devant Seig. de la Planche.	LA PLANCHE.	A Saint-Pouange, deux arpents de terres labourables et quinze arpents de prés et pâtures. A Saint-Lyé, six arpents et demi de terres. A Barberey-aux-moines, treize arp. de terres, cinquante cordes de chennevières et treize cordes de saussois. A Buchères, un arpent dix-sept cord. de terres. A Savoye, un arp. cinquante cordes de prés et marais. A Saint-Germain, soixante-deux cord. de terres. A Breviande-Saint-Leger, cinquante cordes de prés et marais. A Cervet, quatre arp. un quart de prés. A Saint-Leger et la Planche, un ci-devant château et bâtiments, un jardin, cinq-quarts de prés, sept arpents cinq cordes de prés et quatre-vingt arp. de terres. A Villepart, un demi-arp. de prés et douze cordes de saussois.
DE LA MOTTE.	TROYES.	A Buchères, une maison, cent quatre-vingt-huit cord. accin. vingt-sept arp. cinquante-trois cordes de terres et trois arp. quatre-vingt-deux cordes de prés. A Courgerennes, cinq arp. de terres et cent cinquante cordes de prés. A Estissac, une maison, cinq arpents d'enclos et seize cordes de vignes. A Barberey-aux-moines, quinze cord. de vignes.

NOMS DES ÉMIGRÉS.	DERNIER DOMICILE CONNU.	SITUATION ET DÉSIGNATION DE LEURS PROPRIÉTÉS.
FOUCAULT, ci-devant Seigneur.	VILLEMOYENNE.	A Clerey, vingt-quatre arp. de terres, vingt-cinq cordes de terres et trente-sept cordes et demie de prés. A Montreuil, un arp. trois-quarts de prés.
POTERAT.	TROYES.	A Verrières, quarante cord. de terres. A Vannes, neuf arpents de terres et un arp. de prés. A Mergey, huit arp. soixante-onze cordes de terres et cinquante-sept cordes de prés. A Saint-Benoît-sur-Seine, un corps de ferme, quatre-vingt-huit arp. de terres et vingt-trois arp. de prés. A Troyes, une Maison.
RICHEMONT.	TROYES.	A Culoison, cinquante cordes de prés. A Lavaux, deux arp. de prés. A Mesnil-Saint-Pere, un corps de ferme, deux gagnages, un arp. vingt-cinq cordes de terres en jardin, trois arp. d'enclos, soixante-onze arp. treize cord. de terres et huit arp. cinquante cordes de prés. A Saint-Germain, un arpent soixante-quinze cordes de terres. A Sancey-Saint-Julien, deux arpents trente-trois cordes de terres. A Troyes, une maison.
CAMUSAT DE RIANCEY.	. . . .	A Pont-Sainte-Marie, un demi-arpent de terres et trois arpents trois-quarts de prés. A Barberey-aux-moines, une maison, sept arpents de terres et un arpent de prés.

NOMS DES ÉMIGRÉS.	DERNIER DOMICILE CONNU.	SITUATION ET DÉSIGNATION DE LEURS PROPRIÉTÉS.
LEFERRON.	. . . .	A Mergey, deux arpents vingt-cinq cordes de prés. A Riancey, un ci-dev. château, deux maisons, trois arp. de jardin, six arp. de chennevières, dix-huit arp. soixante cordes de bois et deux cents vingt-quatre arp. de terres labourables. Au Pavillon, quatre arp. de terres. A Massey, quatre arpents et demi de terres. A Croncels-Saint-Gilles, soixante-quinze cordes de vignes. A Saint-Lyé, quarante-six arpents de terres et vingt-cinq cord. de vignes. A Sancey-Saint-Julien, cinq arp. de prés. A Payens, quatre-vingt-sept arpents soixante-seize cordes de terres. A Saint-Parre-aux-tertres, six arp. et demi de prés.
DORIAT, ci-devant seigneur de Payens.	PAYENS.	A Saint-Lyé, huit arpents de prés. Au Pavillon, quatorze arp. de terres. A Payens, un ci-devant château, une maison et dépendances, deux cents soixante-onze arp. de terres, cent vingt-six arp. de prés et dix-huit arp. de bois broussailles. A Riancey, vingt-un arp. de prés et trente-deux arp. de terres.
DE BOULOGNE, ci-dev. seign. de Marigny.	. . . .	Au Pavillon, quatre arp. de terres.
FADATES DE SAINT GEORGES.	TROYES.	A Vireloup, près Pavillon, sa part dans quatre-vingt-dix-neuf arp. de terres lab. A Troyes, une maison.

NOMS DES ÉMIGRÉS.	DERNIER DOMICILE CONNU.	SITUATION ET DÉSIGNATION DE LEURS PROPRIÉTÉS.
MONTAUZON-TRUELLE.	Troyes.	A Belley, deux arp. cinquante cord. de terres labourables. A Saint-Parre-aux-tertres, neuf arp. soxante-six cordes de terres.
BOUDON.	Ibid.	A Troyes, une maison.
DEAN fils, cadet.	Ibid.	A Troyes, sa part dans trois maisons et dans un jardin de soixante-quinze cordes.
GUYOT, notaire.	Ibid.	A Troyes, une maison.
GISLARD, ci-devant chanoine.	Ibid.	A Troyes, une maison, une vinée et cinquante cordes de jardin.
CHALTAS, fils du Traiteur.	Ibid.	A Troyes, sa part dans deux maisons.
GALLIFET, ci-devant seigneur de Culoison.	. . . .	A Creney, deux cents dix cordes de terres labourables. A Culoison, cent trois arp. cinquante cordes de terres et vingt arp. de prés. A Lavaux, un moulin à eau avec une maison, un corps de ferme, deux arpents cinquante cordes d'accin, deux arpents quatre-vingt cordes de bois, cinquante-quatre arpents cinquante cordes de prés et cent cinquante-quatre arp. de terres. A Pont-Sainte-Marie, trois arp. de prés et quatre arp. de terres labourables. A Sainte-Maure, quatre arp. un quart de prés. A Vannes, un quart de prés. A Vailly, sept arp. vingt-trois cordes de terres.

NOMS DES ÈMIGRÉS.	DERNIER DOMICILE CONNU.	SITUATION ET DÉSIGNATION DE LEURS PROPRIÉTÈS.
Théodore et Parfait GRIVET frères.	. . . .	A Estissac, chacun un dixième dans une maison, un arp. quarante cord. de jardin, cinquante-huit arpents soixante-douze cordes de terres, trente cordes de prés, trente-sept cordes de vignes et dans trois cents vingt-cinq cordes de bois broussailles.
DEVATHERE, gendre du C. DOÉ.	TROYES.	A Massey, douze arp. vingt-huit cord. de terres labourables. A Mesnil-Vallon, neuf arp. trente-sept cordes de terres. A Saint-Lyé, soixante-neuf arp. de terres labourables. A Payens, sept arp. douze cord. de terres labourables. A Riancey, une maison, un corps de ferme, onze arp. tant bois que jardins et enclos, trente arp. de prés, marais et broussailles et quarante-cinq arp. de terres.
MONTMORENCY-LUXEMBOURG.	. . . .	A Piney, une maison, bâtiments, cour, etc. une autre petite maison servant de prison, une halle, vingt arp. d'enclos, quatre-vingt neuf arp. d'étangs, deux fermes consistant en maisons, bâtiments, etc. cent vingt-cinq cord. de jardin, sept arp. de buissons, soixante treize arp. de mouilly, trois cents quatre arp. de terres, trente-trois arp. do... cordes et les forêts d'orient de Piney et de Brienne, consistant en six mille deux cents trente-huit arp. de bois de haute futaye. A Auxon, dix arpents de mauvaises terres. A Breyonne, la ferme du ci-dev. châ-

NOMS DES ÉMIGRÉS.	DERNIER DOMICILE CONNU.	SITUATION ET DÉSIGNATION DE LEURS PROPRIÉTÉS.
		teau, consistant en maison et bâtiments, une autre maison, un moulin à vent avec une maison, cent quarante-quatre arpents cinquante-six cordes d'étangs, huit arpents d'enclos, quatorze arpents soixante cordes de broussailles, deux cents cinquante-trois arp. de mauvaises terres et trois arp. de mauvais prés, cinq cents huit arp. trente-sept cord. de terres, cent un arp. vingt-cinq cord. de prés et quarante-six arp. de bois. A Montangon, trente-huit arp. cinquante cordes de terres, deux arp. quatre-vingt-trois cord. de prés et cent quatorze arp. de mauvaises terres. A Onjon, un moulin à vent, une maison, deux arp. quatre-vingt cordes de terrain et treize arpents quatre-vingt-deux cordes de terres en friche. A Rouilly-les-Sacey, cent trente-un arpents de mauvaises terres. A Villehardouin, une ferme, quatre arpents enclos, cent trois arp. de terres, seize arpents de prés et trente arpents d'étangs. A Rosson, sept arp. de terres, dix-sept cordes de vignes, quatre arp. cinquante-sept cordes de buissons, quinze arp. d'étang desséché et soixante-trois arp. d'étangs.
D^e DE CREQUY, ci-d. Seig. de Blaincourt.	BLAINCOURT.	A Brevonne, quatre arpents de prés.
MANDAT, ci-dev. seig. de Mathault.	MATHAULT.	A Brevonne, quatre-vingt arpents de bois.
DE PALIS.		A Laines-aux-bois, trois arp. de vigne.

NOMS DES ÉMIGRÉS.	DERNIER DOMICILE CONNU.	SITUATION ET DÉSIGNATION DE LEURS PROPRIÉTÉS.
BERTHELIN DE VIELAINES.	. . . .	A Rozieres, deux arp. et demi de vignes. A Viélaines, cent trente-cinq cord. de garenne.
GARNIER, fils du proc. aux Consuls.	Troyes.	A Troyes, sa part dans une maison.
COMPAROT DE LONGSOLS fils.	Troyes.	A Troyes, sa part dans un maison et dans une rente sur une maison.
Les deux frères JANNON, fils du ci-dev. procureur.	Ibid.	A Troyes, leur part dans une maison, dans une vinée, dans une autre maison et dans un jardin de cent soixante-cinq cordes.
CALLY fils.	Ibid.	Il n'est fourni aucun détail de ses biens.
JEANSON-BAJOT fils.	Ibid.	Idem.
MILLEY fils.	Ibid.	Idem.
Les deux fils CORPS-DESSAIN.	Ibid.	Idem.
DUFLOT fils.	Ibid.	Idem.
PAILLOT MONTABERT, fils.	Ibid.	Idem.
Les deux fils MASSON-CORPS.	Ibid.	Idem.
VIGIER fils.	Ibid.	Idem.

NOMS DES ÉMIGRÉS	DERNIER DOMICILE CONNU.	SITUATION ET DÉSIGNATION DE LEURS PROPRIÉTÉS.
NOEL DE COURGE-RAINES, fils.	Troyes.	Nul détail de ses biens.
JEGOT, beau-fils du C. COGNASSE-DESJARDINS.	Ibid.	Idem.
LEPICARD, fils.	Ibid.	Idem.
LAHUPROYE fils.	Ibid.	Idem.
DEDREUIL fils.	Ibid.	Idem.
CAMUSAT DE RIANCEY, fils.	Ibid.	Idem.
RABIAT, chez le C. CORTHIER, Notaire.	Ibid.	Idem.
MARTINOT, Commis du C. GAUDICHON, demeurant chez le C. FORFAIRE.	Ibid.	Idem.
DEBOUI, gendre du C. CORPS.	Ibid.	Idem.
CHAUDOT dit Louis, ci-devant Piqueur des ci-devant gardes du Corps.	Ibid.	Idem.
GERMÉ, gendre du C. PAILLOT DE MONTABERT.	Ibid.	Idem.

NOMS DES ÉMIGRÉS	DERNIER DOMICILE CONNU.	SITUATION ET DÉSIGNATION DE LEURS PROPRIÉTÉS.
THURIGNY, gendre du C. DUBOURG.	Troyes.	Il n'est fourni aucun détail de ses biens.
Les deux fils SALABERT.	Ibid.	Idem.
Les deux fils MONTAUZON, ci-devant gardes du corps.	Ibid.	Idem.
Les deux frères BERARD ci-devant gardes du corps.	Ibid.	Idem.
PARADE, ci-dev. garde du corps.	Ibid.	Idem.
LEBLANC, ci-dev. garde du corps.	Ibid.	Idem.
DUBOTIER neveu.	Ibid.	Idem.
BABELOT, commis-marchand.	Ibid.	Idem. Mort en état d'émigration.
Le second fils CALLY.	Ibid.	Idem. Mort en état d'émigration.
GOUAULT - JEANSON fils, ancien gendarme.	Ibid.	Nul détail de ses biens.
L'aîné des fils JEANNARD.	Ibid.	Idem.
Le fils de Jean MONTAUZON l'aîné.	Ibid.	Idem.

NOMS DES ÉMIGRÉS.	DERNIER DOMICILE CONNU.	SITUATION ET DÉSIGNATION DE LEURS PROPRIÉTÉS.
GAUDICHON fils.	TROYES.	Nul détail de ses biens.
Anne-Louis-Maximilien DESREAULX.	BRANTIGNY.	A Brantigny, un ci-devant château, bâtimens en dépendants, pavillon, écuries, granges, cours, etc. une ferme et ses bâtimens en dépendants, un moulin à vent, avec maison et dépendances, quatre cents soixante arpents cinquante-cinq cordes trois quarts de terres, cent quatorze arpents, cinquante-quatre cord. et demie de prés, douze arp. cinquante cordes en nature de pâture et huit arp. douze cordes de vignes.
Anne-Léon MONTMO-RENCY-LAVAL.	. . .	A Piney, deux mille cent soixante-quinze arpents de bois, appellés la forêt d'orient de Brienne, vingt arpents de mouillis et une maison.
Louis-Marie MESGRIGNY, ci-dev. officier décoré.	TROYES.	Aucun détail de ses propriétés.
Jean-Charles-Louis MESGRIGNY, ci-devant chevalier du ci-devant ordre de Malthe.	. . .	Idem.
Pierre-Antoine-Charles MESGRIGNY, ci-dev. chevalier du ci-devant ordre de Malthe.	. . .	Idem.
Amelie D'HAUTEFORT.	MUNICH.	Idem.

NOMS DES ÉMIGRÉS	DERNIER DOMICILE CONNU.	SITUATION ET DÉSIGNATION DE LEURS PROPRIÉTÉS.
ROCOURT, épouse d'Anne-Louis-Maximilien DESREAULX, ci-dev. propriétaire à Brantigny.	Troyes.	Il n'est fourni aucun détail de ses biens.
Jean-François DUBOIS, ci-devant curé de la ci-devant paroisse de Sainte-Madeleine.	Ibid.	Idem.
Antoine-Louis CHAMPAGNE, chanoine du ci-devant chapitre de saint Pierre de Troyes.	Ibid.	Idem.
Le fils du nommé BAILLY, ancien Notaire.	Ibid.	Idem.
SAINT OUEN, ci-dev. logé chez la citoyenne LABARRIERRE.	Ibid.	Idem.
DUPOMMIER, ancien fourrier des ci-devant gardes du corps.	Ibid.	Idem.
François-Nicolas DESMARETS DE PALIS, et TAURIAC, sa femme.	. . . .	Idem.
JEANSON fils.	Troyes.	Idem.

K

SUPPLÉMENT AU DISTRICT DE BAR-SUR-SEINE.

NOMS DES ÉMIGRÉS.	DERNIER DOMICILE CONNU.	SITUATION ET DÉSIGNATION DE LEURS PROPRIÉTÉS.
Philippe-Louis BERREY fils.	Vaudes.	Nul détail de ses biens.
Louis MARTINOT fils.	Chervey.	*Idem.*

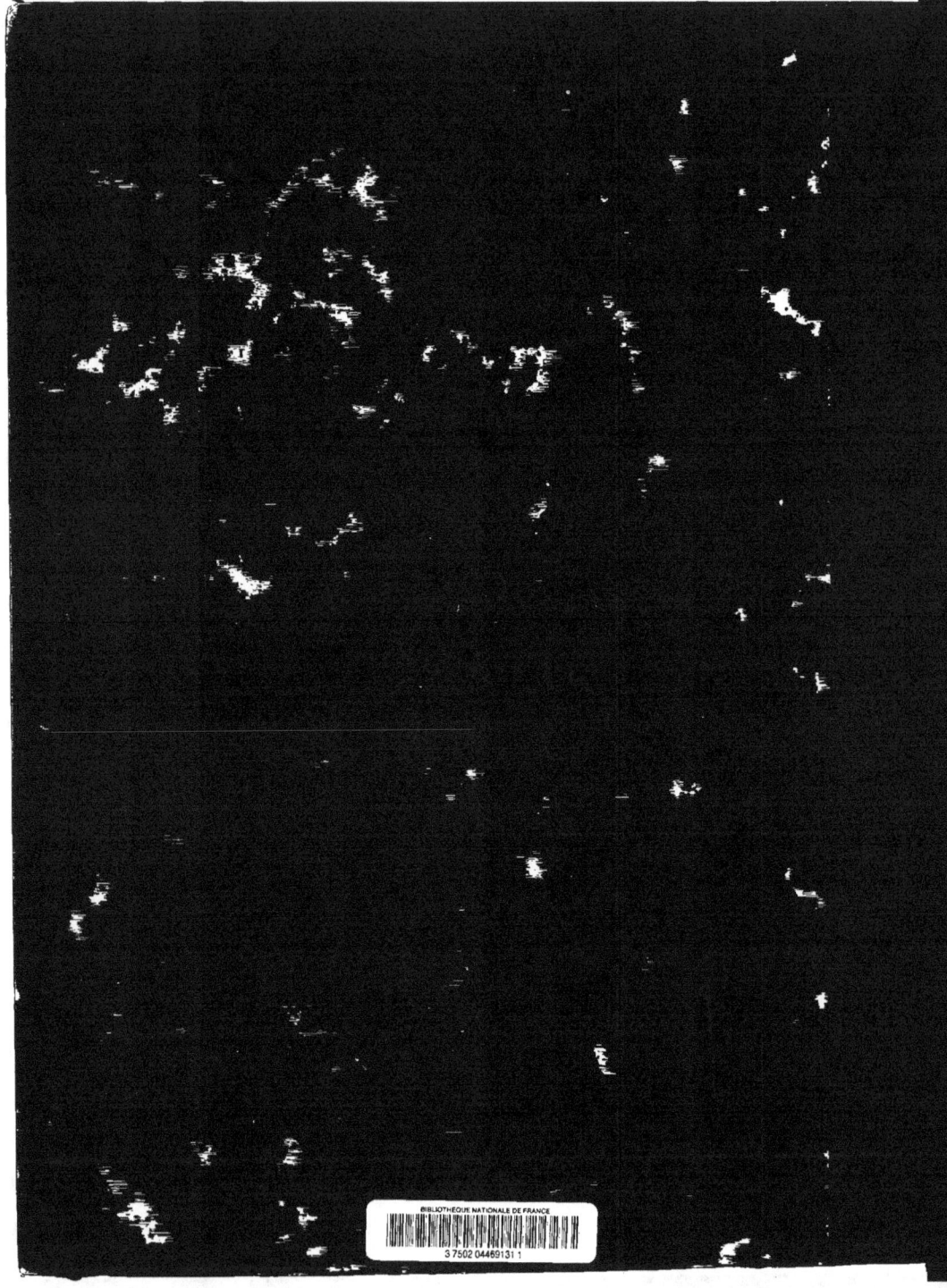

www.ingramcontent.com/pod-product-compliance
Lightning Source LLC
LaVergne TN
LVHW020946090426
835512LV00009B/1736